KB161767

초고령사회
일본에서 길을 찾다

10년 먼저 온 초고령사회 일본이 사는 법

초고령사회 일본에서 길을 찾다

超高齡社會

김웅철 지음

페이퍼로드
paperroad

단카이 세대에
신 고령사회를 묻다

2000년대 초반의 일입니다. 벌써 15년 전의 일이네요. 부친 칠순 잔치를 도쿄에서 치렀습니다. 신문사 특파원 일을 하고 있어서 겸사겸사 아버지를 일본으로 모셨습니다. 그때 아버지는 두 번이나 큰 충격을 받았습니다.

'내 나이도 70, 다 살았구나!'라는 허망함을 안고 아들 집을 찾았는데, 웬걸, 주변 노인들이 죄다 80 이상이고, 90을 넘긴 할머니들도 한 집 건너 한 명쯤 있는 겁니다.

어느 날 대중탕을 다녀오시더니 또 얼굴이 심각했습니다. 사정을 물으니 탕 속 할아버지들의 '미끈한' 몸을 보고 또 한 번 충격을 받았다고 하더군요. 크게 반성했다면서. 그 후 몇 년 동안 부친은 나이 이야기를 꺼내지 않았습니다.

2002년 당시 일본은 대략 열 명 중 두 명이 노인으로, 고령화율 20퍼센트를 목전에 두고 있었습니다(2005년 일본 고령화율 20퍼센트 돌파). 고령화율이란 전체 인구에서 65세 이상 인구가 차지하는 비율인데, 7퍼센트면 '고령화사회', 14퍼센트 이상이면 '고령사회', 20퍼센트가 넘으면 '초고령사회'로 분류합니다.

감이 잘 오지 않는 독자들을 위해 비교 설명하면, 2002년 한국의 고령화율은 7퍼센트로, 이제 막 고령화사회로 진입할 때였습니다. 일본 고령화율이 7퍼센트였던 시점은 1970년, 한국과는 30년의 고령화 간극이 있었던 겁니다. 70이라는 나이로는 '인생 다 산 노인'이라는 명함도 못 내밀었던 게 어쩌면 당연한 일이었죠.

14퍼센트의 의미

그런데 요즘 분위기가 확 달라졌습니다. 국내 매스컴에서 하루가 멀다 하고 고령화를 이야기하고 있습니다. 특파원들의 일본발 통신에서도 고령화 기사가 눈에 띄게 많아졌습니다.

왜 이렇게 변했을까요? 그건 한국이 늙어가고 있음을 사람들이 이제 체감하기 시작했기 때문입니다.

이와 관련해서 최근 상당히 의미 있는 숫자가 발표됐습니다.

14퍼센트.

2017년 8월을 기준으로 한국의 고령화율이 14퍼센트를 기록한 것입니다. 한국도 이제 '고령사회'로 진입한 것입니다. 국제사회에서 대한민국도 늙은 나라의 반열에 오른 거죠.

일본이 고령사회가 된 것은 지난 1994년. 고령화사회가 된 이후 24년이 걸렸습니다. 한국은 어땠을까요? 18년 걸렸습니다(1999년 → 2017년). 눈치 채셨겠지만, 세계 신기록입니다. 원인은 심각한 저출산(합계출산율 1.02) 때문입니다.

요즘 평일 출근 시간을 피해 전철을 타보면 '고령화율 14퍼센트'를 어느 정도 실감할 수 있을 겁니다. 하지만 14퍼센트는 아직 견딜만한 수준입니다. 현재 일본의 고령화율은 27퍼센트를 넘었습니다. 대략 네 명 중 한 명이 머리 희끗한 노인입니다.

문제는 한국의 추격 속도가 심상치 않다는 겁니다. 앞으로 8년 후(2025년)면 한국도 초고령사회로 진입한다고 합니다(필자는 더 빨리 닥칠 것으로 확신합니다만……). 한국의 늙는 속도는 속된 말로 '장난이 아닌 것'이 분명합니다. 어느 날 갑자기 무서운 쓰나미 같은 얼굴을 하고 우리를 덮칠 수도 있습니다.

일본이라는 '괜찮은' 참고서

뭔가 준비해야 할 것 같지 않습니까? 견딜만할 때 대비해야지, 고령화는 '초超'자를 달면 이미 손쓰기에는 늦는다고 전문가들은 말합니다.

어떻게 준비하면 좋을까요?

사실 뾰족한 수가 있는 것 같지는 않습니다. 그나마 고령화로 한창 고전 중인 일본을 곁에 둔 것이 다행이라면 다행이라고 할까요? 특히 일본의 사회 체제는 한국과 많이 닮았고, 사람들의 사고방식도 우리와 많이 다르지 않습니다.

물론 일본이 정답일 수는 없습니다. 지금 '초고령사회 일본'의 모습을 보면 그리 바람직하지 않은 광경도 많습니다. 고독사孤獨死, 노후 파산, 하류노인, 모두 일본에서 만들어진 말들입니다. 하지만 일본만큼 괜찮은 참고서도 구하기 쉽지 않습니다.

필자는 고령사회 전문가가 아닙니다. 따라서 이 책은 일본의 고령사회를 체계적·학문적·정책학적으로 정리·분석하고 있지 않습니다. 상당히 파편적으로 느껴질 수도 있습니다.

다만 6여 년간 '노인 대국 일본은 지금'이라는 칼럼을 써오면서 생긴 감感, 또 20년간의 기자적 감을 바탕으로, 초고령사회 일본의 고민과 대안들 가운데 '오, 이런 아이디어는 괜찮은데?', '이런 것은 한국에도 바로 적용할 수 있겠는데?'라고 생각되는 것들을 모아 엮었습니다.

일본의 '고령화 신풍경'을 파헤치다

이 책은 크게 세 가지 이야기로 구성되어 있습니다.

첫째, '일본의 고령화 솔루션'입니다. 나이 많은 노인들이 많아지고 그들의 평균수명이 길어지면서 어쩔 수 없이 발생하는 당면 과제들을 일본은 어떻게 헤쳐 나가고 있는지, 현지에서 주목받고 있는 성공 사례들을 모았습니다.

등굣길에 몸이 불편한 고령자 집을 방문해 쓰레기를 수거하는 기특한 초등생들이 있고, 시골 빈집에 예술가를 초빙해 마을에 활력을 불어넣는 열혈 촌장이 있습니다. 노인시설의 치매 할머니들을 찾아다니며 예쁘게 화장해주는 화장품회사가 있고, 할머니 고객의 안전을 위해 에스컬레이터 속도를 늦춰주는 백화점이 있습니다.

점포 안에 고령자 간병센터를 두는 '케어 편의점'이 생기고, 한 세차장은 치매 환자들의 재활을 위해 일자리를 제공합니다. 쿠폰을 발행해 집에 은둔한 노인들을 자원봉사 현장으로 끌어내는 지방자치단체도 있습니다.

둘째, 초고령화가 낳은 여러 가지 신新 풍경들, 즉 '고령화 뉴 트렌드'입니다. 고독사가 늘자 '고독사 보험'이 생기고, 빈집을 전문으로 관리하는 회사가 등장하는가 하면, 어떤 경비회사는 출장 직원이 전구를 갈아주는 등의 가사대행 서비스까지 해줍니다.

몸이 불편한 노인들의 온천 여행을 도와주는 '트래블 헬퍼 travel helper'가 등장하고, 시내 러브호텔은 노인 고객들을 위해 계단에 난간을 설치하고 TV 리모컨 버튼도 글자가 잘 보이는 큼지막한 것으로 교체합니다. 기계식 주차를 하듯 카드를 갖다 대면 부모님의 납골함이 자동으로 나타나는 첨단 납골당에서 참배를 하고, 우주장葬을 치르기도 합니다.

고령화 신풍경을 잘 들여다보면 꽤 괜찮은 비즈니스 기회를 잡을 수도 있을 것입니다.

'단카이 세대'를 통해 본 한국 고령화의 미래

셋째, '젊은 노인'들이 만들어가는 그들만의 고령 문화입니다. '젊은 노인'은 전후戰後 베이비부머, 이른바 '단카이團塊 세대'로 불리는 사람들을 말합니다. 1947년부터 1949년까지 일본에서는 약 680만 명의 아기가 태어났는데, 이들은 일본의 고도성장과 쇠퇴기를 함께하면서 일본의 새로운 문화를 만들었습니다.

이들을 예의주시해야 할 이유가 있습니다. 앞으로 한국에서도 자주 화제가 되겠지만, '58년 개띠'라 불리는 한국의 젊은 노인들의 문제를 예견해볼 수 있기 때문입니다. 참고로 한국의 베이비부머는 1955~1963년생들입니다.

일본 '단카이 세대'의 특징은 이렇습니다.

'할 수 있을 때까지 일한다'는 평생 현역을 당연시합니다. 생계를 위해서라기보다 일 없는 무료함이 얼마나 큰 고통인지를 알기 때문입니다. 또한 그들은 시간과 체험을 소중히 합니다. 손녀와 어학연수 가고, 나 홀로 여행을 즐기며, 디스코텍에서 '늙음'을 발산합니다.

이들은 마지막 가는 길도 자기 손으로 준비합니다. 죽어서 잠들 묫자리를 미리 정하고, 묘지를 함께할 이들과 생전에 '무덤 친구'가 되기도 합니다.

어떻습니까, 초고령사회라고 하는 지금 일본의 모습이? 한국에 상륙하기에는 아직 멀어 보입니까? 아니면 금방이라도 건너올 것 같습니까?

물론 고령화를 '문제'로만 인식하고 걱정할 필요는 없습니다. 남자는 여자 하기 나름이라고 했던가요? 차원이 다른 이야기지만, 고령사회도 그 사회 구성원들 하기에 달려 있다는 생각입니다. 어떻게 대처하느냐에 따라 우리가 맞이할 고령사회의 모습이 밝게 다가올 수도, 암담하고 괴롭기만 할 수도 있습니다. 우리가 현명하게 준비하는 데 이 책에서 소개한 일본의 경험들이 조금이나마 도움이 되기를 바랍니다.

　'이런 게 책이 되겠냐'고 한사코 거절하는데도 '진짜 중요한 이야기'라며 용기를 주시고 책으로까지 만들어주신 페이퍼로드 최용범 대표님, 또 초고령사회라는 신세계로 인도해주시고 부족한 글을 매주 실어주신 미래에셋은퇴연구소 김경록 소장님, 이상건 상무님께 깊은 감사를 전합니다.
　아들을 무한 신뢰해주는 부모님과 항상 아빠를 응원해주는 아들 준, 딸 민. 가족들의 사랑이 책을 엮어가는 에너지의 원천이었습니다. 마지막으로 이 책은 소재 선정에서부터 내용에 대한 논쟁, 원고 교정까지 함께해준 번역가 아내 김지영과의 공동 작품임을 고백합니다.

김웅철
2017년 9월

구매 난민, 이동 슈퍼, 편의점 난민, 노노접객, 졸혼, 종활, 시니어 혼활, 치매 카페, 데스 카페, 펫 신탁, 향노화, 생전계약, 건강마작, 디맨드 교통, 고독사와 고립사, 시니어 민박, 요시와라 연금족, 화장요법, 시니어 통근 부부와 주말 주부, 무덤 친구 등등.

이 책에 자주 등장하는 일본의 조어造語들이다. 고독사나 졸혼처럼 국내에서도 이미 상용어가 된 단어들도 있지만, 종활이나 편의점 난민처럼 낯선 것들도 적지 않다. 이들 단어를 하나로 꿰는 줄기가 바로 '고령화'이다. 모두 사회에 노인 인구가 많아지면서 등장한 단어들이다.

현재 일본은 세계에서 가장 늙은 국가이다. 인간의 노화에 관한 한 살아 있는 인류학 교과서라 해도 과언이 아니다. 고령자가 많아지면서 그동안 익숙했던 풍경들이 사라지고 새로운 모습들이 속속 등장하고 있다.

그 한 예로, 삶의 기초인 주택의 구매 패턴이 달라지고 있다. 일본 노인들은 교외 주택을 팔거나 임대를 주고 도심으로 이동하고 있다. 쇼핑, 병원 등 생활 인프라가 잘 구축되어 있는 도심에서의 삶이 더욱 편리하기 때문이다. 다른 한편에서는 인구가 줄면서 빈집이 늘어나는 추세이다. 급기야 정부가 빈집을 관리하지 않는 집주인들에게 세금상의 불이익을 주는 제도마저 도입했다. 그러자 최소한의 관리만 하는 빈집 관리 서비스 상품이 등장했다고 한다.

인구의 고령화는 고객의 고령화다. 당연히 기업들은 점점 늘어가는 고령자들에게 필요한 서비스 개발에 한창이다. 대표적인 곳이 유통업체와 보안경비회사들이다. 편의점은 단순히 하나의 유통 채널이 아니라 '고령사회의 인프라'로 간주되고 있다. 동네 구석구석마다 입점해 있는 편의점들은 지자체와 협력해 독거노인들에게 도시락을 배달해주기도 하고, 인감증명서 등 각종 행정 서비스까지 제공하는 종합 생활서비스센터로서의 역할을 하고 있다. 심지어 한 편의점업체는 '시니어 살롱' 개념을 도입해 동네 사랑방 역할까지 자임하고 나섰다. 대형 쇼핑몰들도 시니어 소비자들을 끌어들이기 위해 강좌, 커뮤니티 등 다양한 서비스를 제공하고 있다.

이외에도 우리가 참고하고 응용할만한 아이디어들이 이 책에는 가득하다. 우리나라보다 20여 년 앞서서 고령화를 겪고 있는 일본은 우리가 마주하게 될 미래의 모습을 보여주고 있다. 고령화라는 창窓을 통해 우리나라의 앞날을 알고 싶은 독자들에게 이 책은 좋은 입문서가 될 것이다.

– 김경록 미래에셋은퇴연구소장 · 『1인 1기』 저자

CONTENTS

1부 · 위기의 초고령사회를 구하라

1장 _ 커뮤니티에 답이 있다
: 커뮤니티 솔루션

 지역 커뮤니티의 부활

고령 난민 구하기

2장 _ 간병, 이제 사회가 안는다
: 간병의 사회화

 '지역 간병'을 향한 도전

 **간병의 희망, IT 신기술**

2부 · 신 고령 인류가 바꾸는 새로운 세상

3장 _ 고령화가 낳은 뉴 트렌드
: 시니어 시프트

 트렌드 속 비즈니스 키워드

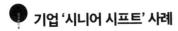 **기업 '시니어 시프트' 사례**

4장 _ 젊은 노인, 그들만의 세컨드 라이프
: 단카이 세대의 신 고령 문화

 나만의 '10만 시간'을 즐긴다

당당하게 맞이하는 노년

초고령사회
일본   에서
길을   찾다
超高齡社會

1부

위기의
초고령사회를
구하라

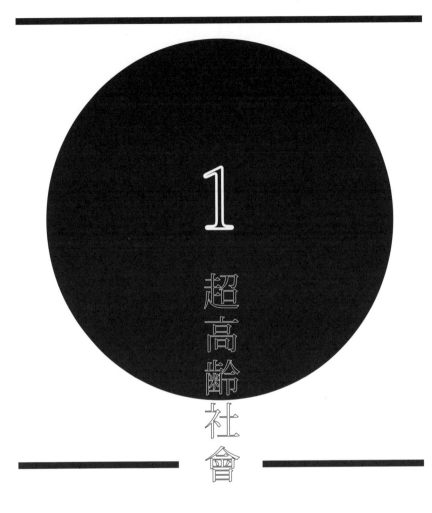

1

超高齡社會

커뮤니티에 답이 있다
: 커뮤니티 솔루션

超高齢社會

지역 커뮤니티의 부활

'영빈관'으로 변신한
어느 시골 마을

일본 최남단 가고시마 현의 가노야 시. 이곳 남쪽 지역에
'야나기다니'라는 조그만 촌락이 있다. '야네단'이라는 애칭으로
불리는 이 촌락의 세대 수는 130가구. 전체 주민이라고 해봐야
300명이 채 안 된다. 더구나 이곳 주민 절반가량이 백발 성성한
노인들이다(2015년 기준 65세 이상 인구 비율 45.8퍼센트). 늘어가는
시골 마을의 전형인 셈이다.

그런데 요즘 이 고령 마을이 전국적으로 큰 인기를 얻고 있
다. 이 마을이 도입한 '기발한' 고령화 탈출법 때문이다. 이야기는
2007년으로 거슬러 올라간다.

예술가를 '영빈관'으로 초빙해 고령 마을 탈출에 나서는 일본의 시골 마을 야네단. 야네단은 일본에서 지방 부활의 성공 모델로 주목받고 있다. 사진은 야네단 입구 푯말.

당시 이곳 마을은 젊은이들의 이탈과 무기력한 노인들로 급격히 활기를 잃어가고 있었다. 그러던 어느 날, '마을 생존의 위기'를 느낀 촌장이 파격적인 아이디어를 제시한다.

"다른 지역에 사는 예술가들을 우리 마을 주민으로 모셔와 마을에 활력을 불어넣어 보겠습니다."

눈이 휘둥그레진 노인들에게 도요시게 촌장은 이렇게 설명했다.

"마을이 활기를 띠려면 아이들과 젊은이들이 있어야 하는

데, 예술가들이 아이들과 마을의 연결고리가 되어줄 수 있을 것입니다. 또 아이들과 예술가들의 교류는 교육적인 측면에서 매우 매력적이기 때문에 부모들도 이곳을 쉽게 떠나지 않을 것입니다."

도요시게 촌장은 '예술가 유치 전략'이 흉물스럽게 방치되어 있는 빈집을 되살리는 '묘안'이 될 수 있다고 노인 주민들을 설득했다. 여기에 촌장의 강력한 리더십이 작용해 드디어 마을 빈집이 '영빈관'으로 탈바꿈하기 시작했다. 리모델링된 빈집에는 '영빈관 ○호'라는 푯말을 붙였다.

초빙할 예술가들은 전국 공모를 통해 모집했으며, 마을 자치회의 심층 면접 등 까다로운 선정 절차도 거쳤다. 또 다양한 분야의 예술가들을 초빙하기 위해 겹치는 분야가 없도록 했다. 현재 30대의 젊은 예술가부터 60대가 훌쩍 넘은 노인까지, 다양한 연령대의 예술가 일곱 명이 이곳에서 둥지를 틀고 살고 있다. 자신만의 독특한 기풍을 고수하면서 가치를 인정받고 있는 홋카이도 출신의 젊은 화가, 아이들에게 즐겁게 사진 찍는 법을 가르쳐 주는 젊은 사진작가, 기발한 디자인의 유리공예작가 등 이들 모두 주민들에게 인기 만점이다.

나가사키 출신의 브론즈 조각가 나카오 아키라中尾彬 씨는 2008년 부인과 함께 이주해 살고 있다. 나카오 씨는 빈집의 외양간을 수리해 공방으로 사용하면서, 주민들이 함께 예술을 즐기고 대화할 수 있도록 카페와 갤러리도 운영한다.

영빈관 사용료는 원칙적으로는 무료다[일부 수입이 있는 예술가들에게는 월 1~2만 엔(100엔이 원화로 1,000원 정도다) 정도의 저렴한 대여료를 받고 있다]. 그 대신 예술가들은 자신의 재능을 발휘해 아이들을 지도할 의무가 있다.

도요시게 촌장의 이러한 파격적인 고령화 탈출법은 시행한 지 얼마 안 돼 나름의 효과를 나타냈다. 매일 예술가들과 교류하는 아이들은 얼굴에 활기를 띠었고, 예술 실력도 부쩍 늘었다. 더불어 꿈도 커졌다.

마을회관에는 아이들의 작품들이 전시되어 있는데, 마을 할머니와 할아버지의 다양한 표정이 담긴 사진과 회화는 수준급이다. 조형을 가르치는 한 예술가는 "자유롭게 놔뒀더니 정말 뛰어난 재능을 보이는 아이들이 있어 놀랐다"고 말한다.

도요시게 촌장은 "작년에는 아이들이 자전거 일주를 떠나기도 했다. 꿈이 생기니 알아서 공부도 하고, 다양한 도전도 마다하지 않게 됐다"며 흐뭇해했다.

고향으로 유턴하는 가족도 생겼다. 아이들의 활기찬 모습을 지켜보는 노인들도 삶의 활기를 찾았다. 폐허로 변해가던 시골마을이 예술과 뜨겁게 만나면서 부활한 셈이다.

예술가 마을 야네단의 성공 스토리가 매스컴을 타자 이곳을 찾는 관광객도 부쩍 늘었다. 매해 '야네단 예술축제'가 이곳에서 열리는데, 축제 기간에는 주변 지역 학생들이 단체로 방문해 다양한 분야의 예술을 체험한다.

가시와 시의 야심 찬 도전, '고령자 유토피아' 건설

노인들이 살기에 이상적인 마을은 어떤 모습일까? 도쿄 인근 도시의 한 주거 단지에서 진행되고 있는 '고령자 맞춤형 마을' 실험이 큰 주목을 받고 있다. 실험명 '도요시키다이 프로젝트: Aging in Place'.

장소는 지바 현 가시와 시에 위치한 도요시키다이 단지다. 이 초고령사회의 모델 도시를 벤치마킹하기 위해 일본은 물론이고 해외에서도 시찰단이 매년 100회 넘게 찾아오고 있다고 한다.

도요시키다이 단지의 등장은 꽤 화려했다. 지난 1964년 고도성장이 한창이던 때 일본주택공단Urban Renaissance agency, UR(현 도시재생기구)은 임대주택 대단지를 조성했다. 도쿄의 베드타운으로 활용하기 위해서였다. 첨단시설을 갖춘 데다 30~40분이면 도쿄까지 출퇴근이 가능하다는 점 때문에 당시 단지 입주권은 로또로 불렸다. 총 4,600가구, 약 1만여 명이 입주의 행운을 안았다.

그로부터 반세기가 지난 지금, 낙후된 단지 안에는 노인들만 남았다. 고령화율이 41퍼센트에 달하고, 주민 중 40퍼센트가 마을을 떠났다(현재 마을 인구는 6,000명 정도).

이렇게 버려졌던 도요시키다이에 2009년 새로운 희망의 불씨가 지펴졌다. 단지 재생 프로젝트가 가동된 것. 재생의 키워드는 '친親 고령자 마을로의 재건'이다. 가시와 시와 UR, 도쿄대학 고령사회종합연구기구, 이렇게 3자(산 · 관 · 학)가 의기투합해 '지역고령사회종합연구회'를 설립했다. UR은 고령자 맞춤형 주거환경을 조성하고, 도쿄대학 연구기구는 정책 제언과 실증 실험을 담당하며, 가시와 시는 관련 정책을 입안하고 있다.

친 고령자 마을 만들기의 핵심 키워드는 두 가지다. '재택 간병'과 '평생 현역'. 노인들이 지금까지 살던 집에서 간병과 치료를 받으면서 안심하고 생활할 수 있도록 '재택 간병 시스템'을 갖추고, 퇴직 후에도 보람된 노후를 보낼 수 있도록 고령자 맞춤형 일자리를 지원한다는 것이다.

먼저 가시와 시는 재택 간병 서비스를 실시하기 위해 지역 의사회와 긴밀한 협력 체제를 갖췄다. 주치의 · 부주치의 제도를 만들어 방문 진료를 실시하는데, 시내 소재 10개 병원이 순번을 정해 순환 근무한다. 의사, 약제사, 방문 간호사, 간병 전문가, 재활 전문가 등이 팀을 이뤄 재택 간병 서비스에 동참하는 시스템이다. 이들은 ICT(정보 통신 기술)를 통해 정보를 공유하면서 365일 24시간 간병이 필요한 지역 내 고령자들을 돌보고 있다.

의사회는 또 2014년 단지 내에 재택 간병 서비스의 거점이 되는 '지역의료연계센터'를 설립했다. 이곳에서 시의 복지 정책과의 연계하에 재택 간병 서비스의 행정적 편의를 최대한 지원하고 있다. 센터가 알려지면서 단지 입주민뿐만 아니라 가시와 시 주민들의 발길이 이어지고 있다고 한다.

같은 해, 단지에는 24시간 간병 서비스가 제공되는 6층 건물의 고령자 주택이 문을 열었다. 이곳은 105개(자립동 33호, 간병동 72호)의 객실을 갖춘 고령자 주택으로, 고령의 저소득자들이 지역에 계속 거주할 수 있도록 지원하는 시설이다. 눈에 띄는 것은 1층에 간병 서비스 사업소, 병원, 약국 등 의료시설이 집약되어 있다는 점이다. 의료진과 간병인들이 24시간 상주하며 요양이 필요한 재택 고령자들을 돌보고 있다.

이 재생 단지의 또 하나의 캐치프레이즈는 '삶의 보람을 느끼는 일자리 실현'이다. 이는 생계유지를 위한 것이라기보다는 고령자의 취미나 경험을 살릴 수 있는 일자리 제공을 지원한다는 것을 의미하는데, 고령자들이 무리하지 않는 범위에서 일을 나눠 하는 이른바 '워크셰어링'이 실시되고 있는 셈이다. 이를테면 요양시설에서 기존에 두 사람이 하던 일을 고령자 여섯명이 한 팀이 되어 분담해 맡는 식이다.

한 예로, 매일 오전 7~9시 조식 보조 업무는 기본 두세 명이 근무하고, 나머지 팀원은 자택에 대기하다가 몸 상태가 좋지 않은 팀원과 교대한다. 여섯 명이 서로 사정을 맞춰가면서 근무하기 때문에 1개월 휴가도 가능하다. 시급은 800엔 정도로, 조식 보조의 경우 월 평균 수입이 2~3만 엔이라고 한다. 많은 돈은 아니지만, 가벼운 노동으로 경제적 자립에도 보탬이 되고 있다는 이야기다. 요양원 측은 고령자 파트타임 직원을 고용함으로써 정규직 사원이 좀 더 전문적인 일에 집중할 수 있어 전체적인 근로 환경이 좋아지고 있다고 평가한다.

일자리는 현역 시절의 능력과 경험을 살리는 동시에 지역 과제를 해결하는 분야에 집중되고 있다. 현재 도시형 농업 사업, 보육·육아 지원 사업, 복지 서비스 사업 등 5개 영역, 9개 사업이 만들어져 관련 업체에서 250명 이상의 노인들이 일하고 있다. 휴경작지를 활용한 농지에서 농작물 작업에 종사하거나, 거기서 수확한 농작물 또는 가공품 판매 사업에 참여하는 경우가 대표적이다. 수경재배 작업장은 휠체어 생활을 하는 고령자들도 일할 수 있는 환경을 조성했다.

이 밖에 커뮤니티 식당, 이동 판매대, 보육·육아 지원, 생활 지원 등의 일이 있는데, 커뮤니티 식당은 고령자 식사 제공과 지역 교류의 장으로 활용되고 있으며, 이곳에서만 50여 명의 고령자에게 일자리를 제공하고 있다. 24시간 간병센터 등에서도 건강한 고령자들이 몸이 불편한 고령자들의 생활을 돕는다. 노인이 노인을 돌본다는 이른바 '노노케어'의 현장이다.

가시와 시 지역의료연계센터 •출처: 가시와 시 홈페이지

2012년 단지를 시찰하는 당시 노다 총리(왼쪽에서 세 번째)
•출처: 가시와 시 홈페이지

아이들을 학교에서 안전하게 귀가시키거나 학원에 바래다 주는 서비스도 이곳 고령자들의 몫이다. 여성의 사회 참여가 늘어나면서 방과 후 보육에 대한 수요가 증가하고 있는데, 고령자들이 방과 후 교실 보조교사로도 활약하고 있다. 도쿄대학은 고령자들의 취업 알선, 취업 코칭과 관련한 강좌를 열어 삶의 보람을 느끼는 일자리를 찾으려는 노인들을 지원하고 있다.

적당한 일은 뇌의 인지 능력을 향상시키고 근육량을 늘려주는 등 고령자 건강에 여러모로 이로운 것으로 알려져 있다. 일을 함으로써 우울증이 개선된다는 조사 보고도 있다. 가시와 시의 실험은 이제 걸음마 단계다. 아직 넘어야 할 산도 많다. 하지만 초고령사회에서 지역이 갖춰야 할 모습을 충분히 보여주고 있다.

'방과 후 교실' 운영하는
뉴타운 고령자들

1960년대에서 1970년대 초반, 일본의 고도성장을 웅변하기라도 하듯 도심 근처에는 대규모 주거 단지 개발이 붐을 이루었다. 일자리를 찾아 사람들이 도심으로 몰리면서 주택은 턱없이 부족해졌고, 대안으로 도심 주변에 베드타운이 잇따라 들어서게 되었다. 그중 대표적인 곳이 도쿄 서부의 다마 뉴타운, 오사카 북부의 센리 뉴타운 등이다.

그러나 화려한 역사를 자랑했던 뉴타운은 이제 처치 곤란한 '퇴물'이 되어버리고 말았다. 일본 뉴타운의 고령화율은 무려 40퍼센트에 달한다(전체 평균 고령화율 27퍼센트). 그 당시에 지은 아파트 대부분이 엘리베이터가 없는 5~6층의 건물이어서 생활에 불편을 느낀 사람들이 하나둘 떠나면서 단지는 공동화空洞化가 빠르게 진행되고 있는 실정이다.

이런 상황에서 최근 노후화와 고령화로 활기를 잃어버린 뉴타운의 부활을 모색하는 의미 있는 움직임들이 나타나고 있다. 그 변화의 중심에 '학교'가 있다는 점이 특히 눈에 띈다.

다마 뉴타운 지구의 히가시 오치아이 초등학교. 이 학교 6학년생들은 매주 화요일과 금요일 등굣길에 아침 봉사 활동을 한다. 몸이 불편한 고령자들의 집을 찾아가 쓰레기를 수거해 대신 버려주는 일이다. 74명이 두세 개 팀을 만들어 희망하는 고령자 집을 순차적으로 도는데, 이 활동은 단지 활성화를 고민하던 자치회가 지역 내 학교와 손을 잡고 2013년부터 시행하고 있다. 고층에 사는 고령자들은 쓰레기를 버리기 위해 힘들게 계단을 오르내려야 하는 신체적 고충을 해결할 뿐 아니라 활기 있는 아이들과 교류할 수 있어 대만족이다. 학생들도 봉사의 보람을 느끼는 것은 물론 책임감도 강해졌다고 한다.

1960년대 초반에 지어진 일본 최초의 대규모 주거 단지인 오사카 북부의 센리 뉴타운. 이 단지 내의 기타오카 초등학교의 교정에서는 노인들과 아이들이 함께하는 '텃밭 교류회'가 열린다. 매주 두 번씩 아이 8명과 어른 26명이 텃밭에서 수확한 채소로 카레나 감자밥 등을 만들어 먹는다.

교류회 멤버는 세 살 아이부터 여든 살 할머니까지 다양하다. 고령자들은 아이들에게 밭일을 가르쳐주고, 곤충 관찰 등의 보충수업까지 해준다. 노인들은 손주 같은 아이들과 함께 지내는 기회가 생겨서 즐겁고, 아이들도 단지 할머니, 할아버지들로부터 옛날이야기를 듣거나 자연을 배울 수 있어 호응이 높다고 한다.

일본 남서부 지역 최대 규모의 주거 단지인 히로시마의 고요 뉴타운에서는 단지에 거주하는 고령 주민들이 방과 후 교실을 성공적으로 운영하고 있어 주목을 받고 있다.

이곳에서는 단지 내 건물 한 곳의 1층을 교실로 개방하고

25명의 고령자들이 순번을 정해 평일 오후 4시부터 7시까지 방과 후 아이들을 돌본다. 고령자들은 아이들의 숙제를 도와주고 책을 읽어주거나, 원하는 학생에게 목공이나 대나무 세공 등의 특별 강습도 해준다. 물론 유료다. 초등학생과 중학생을 대상으로 월 3,000엔의 이용료를 받고 있다. 단지 자치회는 방과 후 교실 운영을 통해 아이 양육 문제로 고민하는 젊은 맞벌이 부부의 입주를 유도해 단지 활성화를 꾀해보겠다고 열심이다.

이 밖에도 전국의 많은 뉴타운 자치회들은 단지 내 빈 아파트를 인근 대학생들에게 저렴하게 세놓거나 고령자 집에 학생들이 하숙할 수 있도록 지원하는가 하면, 대학생들이 단지 노인들에게 컴퓨터나 외국어를 가르치는 교육의 장을 제공함으로써 신구 세대의 교류를 활성화하는 등 다양한 노력을 하고 있다.

고령자 단지에
왜 대학생들이 들어왔을까?

도쿄 인근 사이타마 현 아게오 시에는 총 1,600세대가 거주하는 임대주택 단지가 있다. 이곳 단지에 입주가 시작된 지 50년이 훌쩍 넘다 보니 단지 주민 대부분은 노인이다. 열 명 중 네 명이 65세 이상인 데다 노인들 태반이 혼자 사는 독거노인이다. 당연히 활기를 잃은 지 오래다.

독거노인들은 집에 틀어박혀 좀처럼 밖으로 나오지 않는다. 아예 외부와 관계를 끊고 지내는 노인도 많다. 그러다 보니 건강하게 지내는 이들이 별로 없다. 운동 부족, 외로움 등으로 건강을 해쳐 어두운 방 안에 송장처럼 누워 있는 노인이 적지 않다.

슬럼화하는 단지 문제에 독거노인 문제까지 겹쳐 시 당국이 골머리를 앓고 있는 상황에서 '백기사'로 등장한 것이 현지 대학생들이다. 아게오 시 소재 시바우라 공업대학의 환경학과 학생들과 교수, 지자체가 의기투합해 학생들의 연구시설을 대학 캠퍼스 이외에 임대주택 단지에도 두기로 한 것이다. 대학이 연구시설을 학교 외부에 설치하기로 결정하자, 시와 단지 운영 기관이 협의해 단지 내에 방치되어 있던 빈 공간들을 학생들이 연구실로 쓸 수 있도록 했다.

연구소 이름은 '새틀라이트satellite(위성) 아게오'. 56제곱미터의 공간에 프로젝터와 단지의 입체 지도 등이 놓인 커다란 테이블이 갖춰져 있다. 30여 명의 학생이 주 2~3회 이곳에 모여 단지 활성화 대책을 위해 머리를 맞댄다. 핵심 주제는 단지 노인들의 건강 유지와 외출 유도 방안이다.

"어떻게 하면 할머니, 할아버지들을 집 밖으로 나오도록 할 수 있을까요?"

"지역 노인들과 학생들이 정기적으로 함께 산책하는 이벤트를 하면 어떨까요?"

"점심때 마을회관에서 혼자 사는 노인들께 점심 식사를 제공해도 좋을 것 같습니다."

시와 단지 운영 기관, 생활협동조합 등 지자체 관계자들도 주 1회 연구소를 찾는다. 그 자리에서 학생들이 내놓은 단지 활성화 대책의 실현 가능성을 조율한다.

물론 학생들이 내놓은 아이디어가 바로 현실에 적용되는 사례는 많지 않다. 하지만 단지 활성화에 대해 고민하는 과정에서 지역사회에서의 자신의 역할을 그려나갈 수 있다는 게 전문가들의 진단이다.

담당 교수는 "학생들은 교실 수업에서는 경험하기 어려운 실제 사회 현장의 생생한 목소리를 들을 수 있다. 더구나 고령자 단지가 일본 미래의 축소판인 것을 고려하면 학생들의 사회적 역할을 함께 고민해볼 수 있는 좋은 기회"라고 의미를 부여했다.

학생들이 제시한 아이디어가 실제 현실화한 성과도 있다. 단지 주민들이 함께 모여 정기적으로 산책하는 '워킹 이벤트', 밤에 다 같이 모여 촛불을 점등하는 '캔들 나이트' 등의 이벤트는 인기가 많다고 한다. 또 단지 내에 설치한 '커뮤니티 가든'에서 채소를 길러 학생과 주민들이 그 채소로 함께 카레를 만드는 대회도 개최하고 있다.

대학생이 고령자 마을 활성화에 첨병이 되는 사례는 일본에서 쉽게 찾아볼 수 있다.

구마모토 시도 고령화율이 30퍼센트가 넘는 노인 도시다. 이곳 시내 상점가에는 정기적으로 '창가(판소리)'가 울려 퍼진다. 2006년부터 고령자와 구마모토대학 대학생이 함께 부르는 창가 모임이 정기적으로 열리기 때문이다. 처음에는 참가자 수가 몇 명 안 됐지만, 현재는 30명에 달해 경연대회까지 열린다고 한다.

고령자가 노래를 부르면 폐 기능이나 근력이 강화되는 효과가 있다. 또 고독감에서 해방되는 부수 효과도 크다. 구마모토대학은 모임 활성화를 위해 3학년 수업과도 연계하고 있다.

고령자 가정에서 홈스테이하기

전체 고령화율이 27퍼센트가 넘는 노인 대국 일본. 노인이 많을 뿐만 아니라 혼자 사는 노인이나 노부부만 사는 가구 수가 급증하면서 고령자들의 고립이나 고독사 등으로 인한 사회문제가 심각해지고 있다. 이 때문에 고령자 고립 현상을 막으려는 다양한 방안이 시도되고 있는데, 그중에서도 눈에 띄는 것이 '고령자와 학생들의 동거' 실험이다. 노인과 젊은이들의 동거는 프랑스에서 성공적으로 시행되던 것인데, 일본에서 이를 벤치마킹했다.

고령자와 대학생의 동거 실험이 진행되고 있는 곳은 일본 중부 아이치 현 가스가이 시의 '고조지 뉴타운'이다. 이곳은 나고야 시 직장인들의 베드타운으로 개발돼 1968년에 입주를 시작했다. 4만 5,000명이 거주하는데, 입주한 지 50년이 지난 지금은 고령화로 몸살을 앓고 있다. 고조지 뉴타운의 평균 고령화율은 28퍼센트로 일본 전체 평균보다 높다. 일부 지구는 40퍼센트가 넘는 곳도 있다.

이런 상황에서 타운 인근에 위치한 대학이 해결사를 자처하고 나섰다. 주부中部 대학이 고령자 고립 해소 프로젝트의 일환으로 대학생들의 고령자 가정 홈스테이를 진행한 것. 프로젝트명은 '러닝learning 홈스테이'다.

홈스테이 기간은 4일에서 일주일 정도이며, 홈스테이를 희망하는 학생과 노인이 각각 신청하고 양측의 면담을 거쳐 맺어진다. 학생들은 홈스테이 기간 동안 노인들과 함께 장을 보거나, 노인들의 클럽 모임에 참여하기도 한다. 미술관 방문, 영화 관람 등 취미 활동을 같이 하기도 한다.

흥미로운 것은 동거할 대학생과 노인의 매칭 과정이 매우 꼼꼼하게 이루어진다는 점이다. 먼저 사전에 자기소개서 등을 면밀히 분석해 취미나 성격 등에서 어느 정도 일치하는지 체크한다. 성격을 분석하기 위해 심리 진단까지 동원되기도 한다.

이렇게 '서류심사'에서 통과되면 다음은 '면접'이 기다린다.

학생들은 노인들 앞에서 성격, 홈스테이 동기 등을 설명하며 '자기 PR'을 한다.

"몸 움직이는 것을 좋아해서 밭일도 가능합니다."(대학생)

"나이는? 우리 손자랑 나이가 같네."(고령자)

상호 면접 결과 서로 호감을 느끼면 실제 홈스테이 매칭이 이루어진다.

언론에서는 '러닝 홈스테이'를 통해 고령자는 고독감을 해소할 수 있고, 학생들에게는 배움의 장이 되는 윈윈 효과가 있다고 분석한다.

하지만 사업 성과는 그리 좋은 편은 아니다. 2013년부터 시작한 이 사업에서 실제 홈스테이가 성사된 경우는 연간 5건 이내다. 타인을 집에 잘 들이지 않는 일본인들의 성향 때문이다.

하지만 일본 정부와 지자체 등 정책 당국은 주부대학의 '러닝 홈스테이' 실험에 주목하고 있다. 홈스테이가 향후 또 다른 베드타운 고령화 탈출 해법의 모델이 될 수 있다고 믿기 때문이다.

주부대학은 앞으로 홈스테이 확산을 위해 지역 노인자치회 등과 연계해 노인들의 참여를 이끌어내고, 젊은이가 몸이 불편한 고령자 집에 홈스테이하게 함으로써 간병인 부족 상황을 해소하는 수단으로도 활용하는 방안을 추진 중이다.

우리 집 빈방,
'동네 사랑방'으로 써주세요

"우리 집 빈방을 '동네 사랑방'으로 써주세요."

일본 노인들이 자기 집 빈방이나 빈집을 개방해 지역 주민들의 교류의 장으로 활용하는 사례가 늘고 있다. 독거노인의 고독사 문제가 심각해지고 있는 상황에서 예전처럼 '이웃사촌' 간의 인연을 부활시켜 지역의 힘으로 고령자의 고립을 막아보자는 취지다.

도쿄 세타가야 구 주택가의 한 단독주택. '오오카이 사랑방'으로 불리는 이곳에서 50~80대의 남녀 25명이 생맥주를 마시면서 담소를 나눈다. 오오카이 사랑방은 집주인 오오카이 씨의 이름을 따 붙인 이름이다. 올해 75세의 오오카이 씨는 자택의 빈방을 수리해 동네 사람들에게 개방했다.

동네 이웃들과 허물없이 지내던 오오카이 씨는 평소 외롭게 지내는 독거노인들이 늘어나는 것을 매우 안타까워했다고 한다. 어떻게 하면 독거노인들의 외로움을 덜어줄 수 있을까? 생각을 거듭한 끝에 외로운 노인들이 모일 수 있는 만남의 장을 만들어야겠다고 결심하고, 오래전에 출가한 자녀들의 빈방을 활용하기로 한 것이다.

그는 인근 주민들의 의견을 모아 광고 전단지를 만들어 돌려 홍보한 후, 2016년 사랑방 문을 열었다. 첫 모임에 60명이 참가해 대성황을 이뤘다.

처음에는 한 달에 두 번 정도 모여 도시락을 먹거나 차를 마시며 담소를 나누는 모임으로 시작했지만, 7월부터는 어린아이들과 그 부모까지 불러 그림책을 낭독해주는 행사도 열고 있다. 세대 간 교류의 현장인 셈이다.

"긴급한 상황이나 이웃의 도움이 필요할 때 내 일처럼 서로 손을 내밀어주는 훈훈한 동네가 됐으면 한다"는 게 오오카이 씨의 소망이다.

지바 현 이치카와 시에 사는 한 고령자의 사례도 눈길이 간다. 68세의 오구라 씨는 집 근처에 살던 장남 가족이 다른 곳으로 이사를 가면서 집이 통째로 비게 되자 부엌 등을 개조해 평소 염원하던 커뮤니티 카페로 오픈했다. 부친이 생전에 집 안에서만 외롭게 지내다 쓸쓸히 생을 마감한 것이 두고두고 후회로 남았기 때문이다.

오구라 씨는 커뮤니티 카페를 열기 위해 꼼꼼한 준비 과정을 거쳤다. 공인 사단 법인인 장수사회문화협회가 진행하고 있는 커뮤니티 카페 개설 강좌를 수강해 카페 운영 노하우를 취득하고, 음식 제공을 위해 식품위생 관리자 자격까지 땄다.

카페는 매주 월요일 점심에 여는데, 오구라 씨가 직접 요리하고, 배식과 설거지는 마을 사람들이 도와준다. 요리는 일반 식당의 거의 절반 가격. 요리뿐 아니라 다른 방에서는 훌라댄스 강습, 수예교실, 녹차 모임 등 다양한 행사가 번갈아 열린다.

지역 커뮤니티 카페 효과가 입소문을 타면서 커뮤니티 카페를 지원하는 지자체도 늘고 있다. 교토 시는 2012년부터 지역 커뮤니티 카페의 개보수 비용과 운영비 일부를 보조해주고 있다. 지금까지 140여 개 커뮤니티 카페가 지원을 받았다고 한다. 그중에는 사회복지협의회나 사회복지법인 등 공공시설이나 복지시설 소속이 많지만, 갈수록 개인이 자택을 개방해 운영하는 경우가 늘고 있다.

고령자들이 집 안에만 머물지 않도록 적극적으로 외출을 유도하는 것이 치매 예방은 물론 건강에도 매우 중요하기 때문에 이들이 부담 없이 찾아갈 수 있는 곳을 많이 만드는 것이 무엇보다 필요하다고 전문가들은 이야기한다.

일본 내각부가 실시한 고령자 일상생활에 관한 의식조사(2014년, 복수 응답)에 따르면, 고령자들은 취미나 스포츠에 열중하고 있을 때 가장 행복감을 느낀다(47퍼센트)는 결과가 나왔다. 그다음은 친구나 지인들과 함께 식사하거나 잡담할 때(42퍼센트)이다. 여기서 특히 눈에 띄는 사실은 지인과의 대화가 '가족과의 담소(39퍼센트)'를 넘어선 것. 멀리 있는 친척이 가까운 이웃사촌보다 못하다는 속담을 떠올리게 하는 조사 결과다.

고령화가 가속화하면서 빈집과 빈방은 더욱 늘어날 수밖에 없다. 이 '잠재적 사랑방'을 잘만 활용한다면 고령자와 지역 주민이 함께하는 친 고령자 마을 만들기에 한발 더 다가갈 수 있지 않을까?

고령자들의 새로운 일자리,
"결혼 중매는 우리의 몫"

저출산·고령화가 갈수록 심각해지는 일본의 한 지역 고령자들이 저출산을 극복하기 위해 단체를 결성해 결혼 중매에 나서고 있어 주목을 끌고 있다. 모임 이름은 '중매 클럽'. 일본 중부 오카야마 현 중심으로 활동하고 있는 이 클럽은 2012년 결성되었으며, 현재 개인 회원 700여 명과 59개 단체 회원들이 젊은 독신자들의 만남을 주선하고 있다. 개인 회원 대부분이 퇴직 공무원, 기업인, 주부 등의 고령자이다.

이 중매 클럽은 고령자들의 폭넓은 인맥과 신용을 바탕으로 한 중매를 통해 저출산을 극복하려는 지역사회 공헌의 대표적 모델로 평가받고 있다. 과거 동네마다 중매쟁이들이 있어 젊은이들의 맞선을 주선하던 것을 현대적으로 재현한 셈이다. 오카야마 현 고령자들이 결혼 중매에 나선 이유는 저출산의 근본 원인을 만혼화晩婚化, 비혼화非婚化에서 찾고 있기 때문이다. 실제로 2014년 일본 후생노동성의 국민생활 기초조사에 따르면, 혼자 사는 사람의 80퍼센트가 결혼 의사가 있는데도 적당한 상대를 찾지 못해 결혼에 이르지 못하고 있는 것으로 조사됐다.

오카야마 중매 클럽은 여타 결혼상담소의 비즈니스와는 많이 다르다. 먼저 회원이 되려면 다른 회원의 소개가 필수적이다. 기존 회원들의 추천과 신원 보증을 거쳐 회원을 선발해 클럽 멤버들의 신뢰성을 담보하고 있다. 결혼을 희망하는 독신자 등록도 역시 회원 소개로만 가능하다. 다시 말해, 중매 클럽 관계자는 모두 고령자들의 지인, 그리고 그 지인의 지인들로 구성된다. 그야말로 고령자들의 폭넓은 인맥과 신용을 기반으로 성립된다.

중매 방식은 예전 중매인을 통한 맞선과 거의 흡사하다. 중매인은 등록한 결혼 희망자의 의사에 따라 만남의 기회를 주선하고 맞선 현장에 동석한다. 때에 따라서는 맞선 이후 조언과 지도를 하는데, 결혼 희망자들은 간혹 이어지는 따가운 '설교'도 참아야 한다. 중매인들은 독신자들에게 필요한 교양수업을 실시하기도 한다. 급하게 약속을 변경해야 할 때의 에티켓, 상대방에 대한 배려, 커뮤니케이션 능력 등 독신자들이 꼭 갖추어야 할 자질을 고령자만의 풍부한 인생 경험을 녹여 지도한다.

중매인의 역량 업그레이드를 위한 프로그램도 빼놓을 수 없다. 정기적인 연수를 통해 정보를 공유하고 중매 요령 또한 개선해야 한다. 이 같은 노력으로 클럽 활동 3년 동안 맞선 건수는 총

767건에 이르며, 이 가운데 60명이 결혼에 성공(결혼 성공률 7.8퍼센트)했다(2014년 7월 31일 기준). 결혼 희망자 등록이 끊이지 않으며, 결혼을 전제로 교제 중인 커플도 적지 않다고 한다.

결혼이 성사되면 중매를 담당했던 회원에게 약간의 성공 보수가 주어진다. 또 성혼자는 클럽 중매인으로 등록되어 앞으로 미혼자들의 맞선을 중개하는 의무를 진다. 은혜를 다른 커플에게 갚아나간다는 의미라 할 수 있다. 결혼 중매로 맺어진 인연은 성혼 이후에도 계속된다. 고령자와 성혼자들이 지속적으로 만나 육아, 간병 등에 관한 상담을 주고받는데, 이것은 그야말로 지역민들이 서로 도우면서 생활하는 지역 커뮤니티 부활이 현실화한 것이라고 전문가들은 평가한다. 오카야마 중매 클럽 고령자들은 사람과 사람을 이어주고, 사람과 지역의 인연을 새롭게 만들어내면서 지역 커뮤니티 재구축을 실현하고 있다.

'컬렉티브 하우스', 1인 고령사회의 해결책

혼자 사는 중장년층의 새로운 주거 형태로 '컬렉티브 하우스collective house'가 주목받고 있다. '집합주택'이라고도 부르는 이 주택은 공동주택에 여러 가구가 모여 살면서 '거주는 독립적으로 하되 일상생활의 일부분을 함께하는' 새로운 주거 방식을 말한다. 각자 자기 집에서 생활하면서 주방과 거실을 공유하는 '코 하우징co-housing' 개념으로 생각하면 된다. 전체 주거 공간을 공유하는 셰어하우스와 달리 개인 프라이버시가 보장되면서도 공동체를 통한 이웃 간의 정을 느낄 수 있다는 것이 가장 큰 장점이다.

NPO(비영리 민간 사회단체) 법인 '컬렉티브 하우징'에 따르면, 컬렉티브 하우스 설명회에 남편과 사별하거나 이혼한 50~60대 여성들과 혼자 사는 중장년 남성들의 발길이 계속 이어지고 있다고 하는데, 역시 컬렉티브 하우스의 이 같은 매력이 사람과의 인연이 절실한 독거 중장년층의 관심을 끌고 있는 듯하다.

도쿄 히가시 닛포리에 '컬렉티브 하우스 칸칸모리'라는 일본 최초의 컬렉티브 하우스가 있다. 12층 건물의 일부 층 원룸 28개 실에 26세대(49명)가 입주해 살고 있는데, 이곳 입주민들은 독신 고령 여성을 비롯해, 정년퇴직한 전직 회사원 남성, 맞벌이 부부 등 구성이 다양하다. 연령대도 갓난아이에서부터 80대 노인까지 전 세대에 걸쳐 있다.

칸칸모리의 생활을 잠시 들여다보자.

이곳 생활의 핵심 키워드는 '공동 식사'와 '공동 거실'이라 할 수 있다.

먼저 '공동 식사'. 칸칸모리에서는 주 2~3회 공동 식사 모임이 열리는데, 참석 여부는 자유이고, 사전 신청제로 운영된다. 다만 입

NPO 법인 '컬렉티브 하우징'이 운영하는 컬렉티브 요코하마. 대형 거실에서 거주자들과 지역 주민들이 함께 바비큐 이벤트를 즐기고 있다. • 출처: LOCAL GOOD YOKOHAMA

주자는 월 1회 의무적으로 식사 당번을 맡아야 한다. 두세 명의 식사 당번이 그날의 메뉴를 정하고 요리하며, 식비는 1인당 400~500엔 정도이다. 식재료 구입에서 예산 관리까지 모두 식사 당번 그룹인 '공동 식사 팀'(다섯 명)에게 책임과 권한이 주어져 있다.

칸칸모리에는 이 같은 그룹별 활동이 20개가 넘는다. 고령자들에게는 체력을 감안해 주로 식사 보조 같은 부담 없는 일이 주어진다. 이곳 칸칸모리에서 가장 인기 있는 팀은 채소나 화초를 기르는 '가드닝gardening 팀'이라고 한다.

다음은 '공동 거실'. 식사 모임 등 공동체 생활은 약 150제곱미터 크기의 거실에서 이루어진다. 입주자라면 누구든 언제나 이 곳을 이용할 수 있으며, 와이파이도 설치되어 있다.

오전에는 주로 서재로 활용되거나, 재봉 등 취미 생활이나 주부들의 담소 장소로 사용된다. 오후에는 학교에서 돌아온 아이들의 공부방으로 활용하기도 하고, 저녁에는 이곳에 모여 술이나 음료를 나누며 환담을 즐기기도 한다.

컬렉티브 하우스의 제1원칙은 거주자 전원이 공동 활동에 참가한다는 데 있다. 매달 한 번씩 열리는 월례회의에는 전원이 참석해야 한다. 이 회의에서 공동생활의 규칙을 만들고 일상에서 벌어지는 문제들에 대한 해결책을 찾기 때문이다.

입주민이 거주하는 공간은 대개 한두 개의 방에 부엌과 욕실이 딸려 있다. 월 이용 요금은 7~15만 엔 정도. 개인 공간과 함께 거실, 전문가용 조리기기까지 갖춘 주방, 세탁실, 게스트룸, 컴퓨터실, 정원 등의 다양한 공용 공간을 이용할 수 있다는 것이 컬렉티브 하우스의 최대 장점이다. 주택 관리 및 보수에 필요한 도구를 비롯해 레저 용품, 아이들 장난감 등은 공동으로 소유하고, 취미가 같은 입주민들의 동호회 활동도 활발하다.

일본에는 현재 10여 개의 컬렉티브 하우스가 있다. 운영 형태는 대부분 칸칸모리와 비슷하다. 도쿄 인근 다마 시의 컬렉티브 하우스 '세이세키'도 유명한데, 20개 실에 어린아이부터 80대까지 16세대 26명이 거주하고 있다. 월 이용 요금은 6~14만 엔 정도이다.

이곳은 특이하게도 베란다가 연결되어 있어서, 장기간 집을 비운 이웃 주민의 화초를 대신 돌봐줄 수 있다. 이곳에서는 건강한 노인들이 입주민의 아이들을 보육원에 데려다주거나 학교 마중을 가는 등 공동생활에서의 자신의 역할을 찾아가면서 삶의 보람을 느낀다고 한다. 이웃끼리 혈연을 넘어 새로운 인연을 만들어가는 모습이라 할 수 있다.

컬렉티브 하우스라는 개념은 스웨덴에서 처음 생겼다. 일하는 여성의 육아를 지원하기 위해 처음 고안된 것이라고 한다. 일본에서는 1995년 한신 대지진 때 처음 알려졌지만 확산되지 못하다가 2011년 동북 대지진이라는 재난과 저출산·고령화 가속화가 겹치면서 최근 새로운 주거 대안으로 관심을 받고 있다.

물론 공동생활에 적응하지 못하고 주민들과 불화를 일으키거나 심하면 퇴거를 당하는 사람들도 있다. 하지만 1인 고령 세대가 계속 늘어가는 상황에서 건강한 시니어들이 이웃과 함께하면서 자립적으로 살아갈 수 있는 공간으로 이런 컬렉티브 하우스라는 주거 형태를 눈여겨볼 필요가 있다. '따로 또 같이' 공간을 공유하는 개념을 넘는 컬렉티브 하우스가 저출산·고령화 시대의 새로운 주거 문화로 자리 잡을 수 있을지 귀추가 주목된다.

'한 지붕 3대' 띄우는 일본,
저출산·고령화 해법 될까?

요즘 일본에서는 자녀와 부모, 할머니, 할아버지가 함께 사는 '3세대 동거'가 주목받고 있다. 3세대 동거에 맞는 새로운 형태의 주택이 등장하고, 정부는 조부모와 함께 사는 세대에게 세금 할인이라는 유인책도 내놓고 있다.

2016년 4월 일본 국토교통성은 3세대 동거와 관련한 특별 조치를 발표했다. 3대가 함께 살기 위해 집을 개조하면 세제 혜택을 주겠다는 내용이다. 기존 주택의 부엌, 욕실, 화장실, 현관 가운데 어느 한 곳을 두 개로 늘리면 수리 비용의 일부를 소득에서 공제해주겠다는 것. 전체 공사 비용의 10퍼센트를 그해 소득에서 공제해주고, 개보수 비용을 은행에서 대출할 경우 대출금 일부를 소득공제해준다. 공제액 한도는 25만 엔 정도이다.

일본 정부가 이렇게 대가족을 독려하는 이유는 갈수록 심각해지는 저출산 상황을 어떻게라도 막아야 한다는 절박함 때문이다. 일본 총무성이 2016년에 발표한 자료에 따르면, 2016년 1월 기준 일본 인구는 1억 2,589만 명으로, 전년도에 비해 27만 명(0.22퍼센트)이나 감소했다. 일본 인구는 2009년부터 감소하기 시작해 7년간 계속 줄어들고 있는 상황이다. 이런 지속적인 인구 감소 상황을 타개하기 위해 아베 정부는 '1억 총활약 사회'라는 정책을 내놓았다. 향후 50년 후에도 인구 1억 명을 유지하고, 국민 모두가 자기 역량을 발휘할 수 있도록 한다는 것이다. 구체적으로 합계 출산율을 현재의 1.4명에서 1.8명으로 늘린다는 목표를 세웠고, 여성들의 근로 환경을 개선하는 데 총력을 기울이기로 했다.

'1억 총활약 사회' 건설의 주요 대책 가운데 하나가 바로 '대가족의 부활', 다시 말해 '3세대 동거 활성화'다. 조부모가 자녀 세대와 함께 살면서 손주 육아에 도움을 주면, 젊은 부부들이 출산·육아 부담을 덜어 자녀를 더 많이 낳고, 나아가 여성들의 사회 활동을 위한 더 나은 환경이 조성된다는 생각을 기반으로 하고 있다.

일본 정부는 이 제도(3세대 동거를 통한 출산 장려 대책)를 도입하면서 그 근거로 일본 국립사회보장·인구문제연구소가 내놓은 통계를 들고 있다. 이 연구소가 10년간 추적 조사를 한 결과, 부부 중 어느 한쪽의 모친(조부모)이 함께 살 경우 최종적으로 갖는 아이 수(출생아 수)가 2.09명으로, 조부모와 동거하지 않는 경우의 1.84명보다 많았다는 것. 일본 3세대 동거 가족은 전 가구의 6.9퍼센트(2014년 후생노동성 국민생활 기초조사) 정도로, 1986년 15퍼센트를 기록한 이후 30년 동안 계속해서 감소하고 있다.

흥미로운 점은 도심의 일부 지역이나 지방에서는 이미 대가족을 위한 지원제도가 시행되고 있다는 것이다. 다만 아베 정부의 3세대 동거 지원 정책이 저출산에 맞춰져 있는 반면, 기존 지자체의 3세대 동거 지원 정책은 고령화에 대한 대응으로 도입됐다는 점에 차이가 있다.

도쿄 기타 구에서는 집 안의 턱을 없애는 등 고령자 친화 주택, 이른바 '배리어 프리barrier free('턱이나 장벽을 없애다'라는 뜻으로, 장애인이나 노인이 편하게 살아갈 수 있도록 물리적·제도적 장벽을 제거하자는 운동이다. 고령자가 이동하기 편리하도록 집 안 문턱을 없애거나, 휠체어 이용자가 쉽게 탑승할 수 있는 저상버스를 운행하는 것이 대표적 사례다)' 주택을 지어 3대가 함께 사는 경우, 가구당 50만 엔의 보조금을 지원하고 있다. 1992년부터 시행하고 있는데, 기타 구가 이처럼 과감한 대책을 발 빠르게 도입한 이유는 갈수록 고령화가 심각해지는 구 내 고령자들의 주거지를 확보하기 위해서였다고 한다. 고령자 자신이 건강할 때는 손주 육아를 맡고, 간병이 필요한 시기가 오면 자녀와 손주들이 함께 지원하는 시스템을 만들겠다는 취지도 포함됐다.

지바 시도 2011년부터 자녀와 조부모 세대가 함께 살거나 인근에 살 경우 최대 50만 엔의 비용을 지원하고 있다. 이즈음 지바 시에 독거노인들의 고독사가 잇따라 발생해 충격을 주면서, 노인들의 고독사 방지를 위해 3세대 동거 지원 정책을 내놓은 것이다. 주택 건설 비용을 지원하는 것 이외에도 다양한 형태의 대가족 지원 정책을 시행하고 있다.

후쿠야마 현은 3세대 가족에게 육아 지원비 명목으로 손주 1인당 10만 엔을 책정하고 있고, 3세대 동거 가족 중 간병이 필요한 고령자가 있는 경우 요양시설 이용권을 주는 등 다채로운 대가족 지원 정책을 실시하고 있다. 후쿠야마 현의 3세대 동거 비율은 2016년 기준 23퍼센트 정도로, 다른 지역에 비해 월등히 높다. 3세대 동거율 전국 2위(17.6퍼센트)인 후쿠이 현의 경우, 맞벌이 부부 비율이 36.4퍼센트나 된다. 이 지역에서는 할머니, 할아버지가 손주들을 키우는 게 아주 자연스러운 일이라고 한다. 물론 조부모의 육아 부담을 줄여주기 위해 필요할 때 일시적으로 시설에 아이를 무상으로 맡길 수 있도록 하는 등의 배려를 하고 있다.

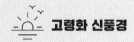

캥거루족 나이 들면 부모님 허리 휜다

성인이 된 후에도 자립하지 못하고 부모에게 경제적으로 기대어 사는 자녀들을 '캥거루족'이라고 한다. 캥거루가 배주머니에 새끼를 넣고 다니면서 양육하는 것을 빗댄 표현이다.

국내의 한 취업 포털의 조사에 따르면, 20~30대의 절반가량이 여전히 부모에게 얹혀살고 있는 것으로 나타났다. 최근에는 기혼 자녀가 부모에게 얹혀살면서 '경제적 기생'을 하는 이른바 '신新 캥거루족'도 늘고 있다.

눈을 일본으로 돌려보면 캥거루족 문제는 더욱 심각해진다. 부모에게 얹혀사는 캥거루족들이 고령화되고 있기 때문이다. 일본은 부모와 함께 사는 40~50대 미혼 자녀가 263만 명이나 된다고 한다(2010년 인구통계조사). 이는 40~50대 전체 인구의 10퍼센트에 달하는 수치다.

일본 총무성 통계연구소 조사에서도 35~44세 미혼 자녀 중 무려 305만 명(2012년 기준)이 부모와 동거하는 것으로 나타났다. 이는

1980년(39만 명)에 비해 여덟 배나 늘어난 것이다.

나이 든 자녀와 부모가 함께 사는 것이 꼭 나쁘다는 이야기는 아니다. 결혼관도 시대에 따라 변하기 때문이다. 문제는 이 '늙은 캥거루족'들이 부모 소득에 '기생'하고 있다는 사실이다.

2017년 초 일본 미즈호 정보총합연구소가 부모와 동거하는 40~50대 미혼자를 대상으로 설문조사를 한 결과, 자신의 생계를 온전히 부모에게 의존하고 있는 상황이 여실히 드러났다. 남성 40퍼센트, 여성 60퍼센트가 주요 생계유지자로 '부모'를 꼽은 것이다. 이들 네 명 중 한 명은 연소득이 100만 엔이 안 됐고, 여성의 경우 열 명 중 네 명이 연간 100만 엔을 벌지 못할 뿐 아니라 비정규직이 많고, 상당수가 직업이 없는 것으로 조사됐다.

앞서 총무성 통계연구소에서 밝힌 늙은 캥거루족 305만 명 가운데서도 65만 명이 실업이나 저소득으로 결혼은 물론 자립도 못 할 처지인 것으로 나타났다.

남성 '생애 미혼자'가 20퍼센트에 이를 정도로 평생 결혼하지 않는 사회 풍조가 자리 잡은 것도 중장년 캥거루족이 늘어나는 현상의 하나의 원인으로 지적되고 있다. 일본에서는 50세를 기준으로 한 번도 결혼한 적이 없는 사람을 '생애 미혼자'라고 하는데, 남성 인구의 23퍼센트, 여성 인구의 14퍼센트가 생애 미혼자에 해당한다(2015년 인구통계조사).

'부모 간병' 또한 부모와 함께 사는 어쩔 수 없는 이유로 꼽힌다. 앞서 살펴본 미즈호 정보총합연구소의 조사에서 남성의 21퍼센트, 여성의 37퍼센트가 부모 간병을 동거 이유로 들었다. 이외에도 회사 구조조정, 우울증 등의 정신질환, 이혼 등으로 부모에 기생하는 중장년 싱글들이 늘고 있다.

문제의 심각성은 캥거루족 자녀의 고령화와 부모의 고령화가 동시에 진행된다는 데 있다. 부모가 현역에 있을 때는 캥거루족 자녀에 대한 부담이 상대적으로 덜하지만, 이들이 퇴직 후 연금 생활자가 되면 부담이 커질 수밖에 없다. 별도의 자산이 없는 경우 부모와 중년 자녀의 생활을 오롯이 부모의 연금에 의지할 수밖에 없다는 이야기다.

일본 언론들은 부모의 연금에 기생하는 중년 싱글들을 '연금 기생족', '연금 패러사이트'라고 부른다고 전하기도 했다. 1999년 사회적 반향을 일으켰던 야마다 마사히로山田昌弘의 『패러사이트 싱글의 시대パラサイトシングルの時代』라는 책에서 부모에게 경제적으로 의존하는 젊은 자녀를 '기생충'이라며 비꼬았던 데서 유래한 표현이다. 그로부터 20여 년이 지난 지금 늙고 능력 없는 자녀들이 부모의 노후 생계까지 위협하고 있는 웃지 못할 상황이 전개되고 있는 것이다.

부모 세대를 지탱해야 할 자녀들이 부모 연금에 의존하는 이런 이상 현상에 일본 고령 부모들의 탄식이 터져 나오고 있다. 일본 언론들은 부모에 기생하는 중년 니트족 때문에 부모가 자신의 간병비를 제대로 대지 못하는 가정이 늘고 있다고 전하면서, 이대로 상황을 방치하면 부모와 자녀가 동반 파산할 수도 있다고 경고한다. 심지어 부모의 사망 사실을 신고하지 않은 채 계속해서 연금을 타내는 이들이 있어 안타까움을 자아내기도 한다.

하지만 당장 뾰족한 대책은 없어 보인다. 다만 '연금 기생족'을 양산하는 고용불안 사회의 주범인 비정규직 고용을 줄이는 데 힘을 써야 한다고 전문가들은 말한다. 동시에 자녀들의 기생 기간이 길어질수록 자립 능력도 떨어진다는 점을 감안해 부모와 자녀가 함께 자립 방안을 모색하는 것이 무엇보다 필요하다고 강조하고 있다.

보육과 요양을
한곳에서!

'보육시설은 아이들이 점점 줄어들어 걱정, 요양시설은 노인들이 점점 많아져 걱정.'

전 세계적으로 저출산·고령화가 가속화하면서 많은 선진국이 갖게 되는 공통된 고민거리다. 수요 감소로 보육시설은 생존을 걱정해야 할 판이고, 요양시설은 턱없는 공급 부족에 시달리고 있는 것.

이 같은 현상은 '고령 선진국' 일본에서 특히 두드러진다. 연간 출생아 수가 100만 명을 밑돌고 있는 반면, 65세 이상 고령자는 3,400만 명을 넘어 전체 인구의 27.3퍼센트를 차지한다(2016년 10월 총무성 인구통계). 요양시설에 입주하려는 수요(노인들)는 급증하는 반면, 보육 수요는 2017년에 정점을 찍을 것으로 예상되고 있다.

그래서 일본 정책 당국이나 시민단체들이 이 같은 보육시설과 요양시설의 부조화를 해결할 묘안 찾기에 골몰하고 있다. 그 묘안으로 떠오르고 있는 것이 보육과 요양 기능을 하나로 묶는 시스템이다. 최근 일본에는 아이들과 노인들이 하나의 시설에서 보육과 요양 서비스를 함께 받을 수 있는 '보육+요양 복합시설'이 등장했다. 보육과 요양이라는 두 가족이 한 지붕 아래 동거하는 셈이다.

'보육+요양 복합시설'의 핵심은 향후 인구 수요 변화에 맞춰 시설의 용도를 바꿀 수 있도록 한 새로운 개념의 시설이라는 점이다. 다시 말해, 아이들 수가 줄면서 보육시설이 남아돌면 그 시설을 고령자용으로 쉽게 바꿀 수 있도록 건물 규제에 유연성을 부여하는 것이다. 실제로 보육시설이나 요양시설 모두 건물 인가 기준을 통과하려면 비용과 절차가 만만치 않다. 그래서 이렇게 새로운 개념의 '시설 장르'를 신설해 규제의 장벽을 낮춘 것이다.

그렇다면 실제 '보육+요양 복합시설'은 어떤 모습을 하고 있을까? 요코하마 시에 있는 '만남의 집' 1층에는 고령 노인들을 돌봐주는 비숙박형 요양시설인 '데이 서비스day service 센터'가 들어서 있고, 2층은 유아들을 돌보는 보육원이다. 보육원 원아들은 매일 낮잠 시간이 지난 오후 2시께 각자 장난감을 들고 노인들이 있는 1층으로 내려간다. 친할머니, 친할아버지는 아니지만, 아이들에게는 노인들과 시간을 보내며 접촉하는 시간이 인성 교육을 할 수 있는 소중한 기회가 된다는 게 전문가들의 이야기다.

부동산업체인 '가쿠엔 코코판 홀딩스'도 세대 간 교류가 가능한 융합시설을 선보였다. 2014년부터 복합시설 안에 보육원을 운영하고 있는데, 이 시설 내 다른 건물에는 고령자 주택이 자리 잡고 있다. 보육원 원아들은 매주 1~2회 정기적으로 고령자센터를 방문해 할머니, 할아버지와 교류하고, 노인들은 아이들의 생일 파티 때 종이로 접은 메달을 선물해주기도 한다.

두 시설의 행정 담당자들끼리의 교류도 활발해 교류 일정이나 이벤트를 함께 상의하기도 한다. 두 세대의 교류는 유아들뿐만 아니라 노인들에게도 힐링 효과를 가져다준다. 보육 현장에 아이들을 돌보는 손길이 늘어난 것도 주목할만한 효과라고 전문가들은 평가한다. 또 양쪽 분야에 자격을 갖춘 인재를 동시에 활용해 인력 활용 효율을 높이는 이점까지 노릴 수 있다. 노인 요양 시설의 간호사와 보육원의 급식조리사가 함께 일하면서 인력의 집약 효과도 볼 수 있다는 것이다.

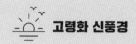

손주 위해 육아휴직 내는 할머니들

요즘 일본에서는 엄마가 아니라 할머니가 육아휴직이나 휴가를 내는 사례가 늘고 있다고 한다. 이른바 '손주 돌봄 육아휴직제'.

2015년 4월, 일본 후쿠시마 시의 도호東邦은행은 손주들이 있는 고령 직원들을 대상으로 휴직 신청을 받았다. 일곱 명이 신청했는데, 대부분 딸이 둘째 아이(손주)를 출산한 경우였다. 자녀가 둘째를 출산하면서 첫째 아이를 돌봐줄 사람을 찾고 있던 차에 마침 회사에서 휴직제도를 시행하자 손주 육아를 위해 휴직을 신청하게 된 것이다. 은행은 손주 육아를 위해 최장 4개월간 장기 휴가를 쓸 수 있도록 했다.

손주 돌봄 육아휴직제를 도입한 기업에 장려금을 주는 지자체도 등장했다. 후쿠이 현은 2015년 4월부터 조부모 육아휴직제를 도입한 기업에 장려금을 지급하고 있다. 현재 세 개 회사가 이 지원금을 받고 있다고 한다. 오카야마 현도 비슷한 지원제도를 도입해 할머니, 할아버지의 손주 육아를 적극 후원하고 있다.

손주가 태어난 날 특별휴가를 주는 회사도 있다. 여성 직원이 90퍼센트 이상인 다이이치第一생명보험이 이미 2006년부터 시행하고 있는데, 손주가 태어나면 3일간 손주 출생 휴가를 준다. 지금까지 900명에 가까운 노인이 이 휴가를 썼다고 한다.

할머니들의 육아휴직은 기록적인 저출산으로 위기감을 느끼고 있는 일본에서 매력적인 대안으로 받아들여지고 있다.

일본은 요즘 일하는 여성이 급격히 늘고 있다. 하지만 보육시설 등 육아 관련 인프라(사회적 생산기반)가 제대로 갖춰지지 않은 상황이다. 그렇다고 남편들에게 육아를 기대하기도 힘든 처지다. 일본 남성의 육아휴직 신청률은 2.3퍼센트로 매우 낮다. 그래서 할머니, 할아버지에게로 눈을 돌리게 되고, 육아 SOS를 받은 조부모들이 육아 현장에 뛰어들게 된 것이다.

초고령사회 일본은 정년퇴직 연령이 65세이지만, 70세가 넘어서도 현역으로 일하는 노인이 많다. 특히 단카이 세대는 재정적 능력도 있고, 전세대보다 손주들과의 관계도 적극적이다. 휴직을 해서라도 손주와 함께하는 시간을 가지려고 한다.

조부모 육아휴직제는 기업 입장에서도 필요하다. 유능한 고령 인재들이 손주 육아를 위해 회사를 그만두는 것을 막을 수 있기 때문이다. 육아휴직제로 시니어 인재를 회사에 오래 묶어둘 수 있다는 것이다.

일본 정책 당국인 후생노동성도 2014년 '근로자의 일과 가정 양립 지원 지침'에서 기업들이 고령 직원들에게 손주 출생 휴가를 주는 제도를 만들 것을 장려하고 나섰다.

취미 활동만 해도 상품권을!
일본의 이색 고령자 대책

도쿄 도 서쪽 스기나미 구는 회사에서 퇴직한 지역 주민을 위해 다양한 지원책을 마련해 시행하는 것으로 유명한데, 그중 가장 주목받고 있는 것이 '장수長壽 응원 포인트 사업'이다. 베이비부머들의 대량 은퇴가 본격화하면서 이들의 지역사회 참여에 대한 관심이 높아가는 가운데 지자체들도 이에 맞춰 대책 마련에 분주하다.

스기나미 구의 장수 응원 포인트 사업이 주목을 받는 것은 '포인트제'라는 인센티브를 활용해 고령 지역 주민들의 사회 활동을 효과적으로 이끌어내고 있기 때문이다. 간단히 설명하면, 고령자가 지역에서 활동을 하면 포인트가 주어지고, 포인트가 쌓이면 그것을 상품권으로 교환해 일상생활에서 사용할 수 있게 한 것이다.

장수 응원 포인트 사업을 구체적으로 살펴보면 다음과 같다. 지역에 사는 고령자가 구區가 인정한 지역 공헌 활동이나 취미 활동, 또는 질병 예방을 위한 건강 프로그램에 참여한다. 각 활동마다 정해진 포인트 스티커가 주어지는데, 여러 가지 활동을 열정적으로 즐기다 보면 포인트가 자동으로 쌓인다. 포인트가 어느 정도 쌓이면(20포인트 이상) 구 내 상점가에서 통용되는 상품권

스기나미 구의 장수 응원 포인트 수첩

으로 교환해 사용한다.

지역 봉사 활동을 통해 보람을 느끼고, 다양한 취미 활동이
나 건강 프로그램을 통해 몸과 마음의 건강을 지키면서 '돈(상품
권)'까지 받으니 '꿩 먹고 알 먹기'인 셈이다. 쌓인 포인트 중 80퍼
센트는 상품권으로 교환하고 나머지 20퍼센트는 지역 고령자를
위한 '장수 응원 펀드'에 기부하도록 하고 있어서 개인의 지역 활
동이 지역 발전으로 연결되도록 하는 구조도 갖췄다. 장수 응원
펀드는 지역 공헌 활동 조성금이나 벤치 등 지역 공용 기구 설치
에 사용된다.

장수 응원 포인트 사업은 '지역 공헌 활동', '삶의 보람 활

동', '건강 증진 및 질병 예방 활동', 이렇게 크게 세 가지로 나눠 진행되고 있는데, 각 활동 분야마다 대상 연령과 지정된 포인트가 다르다.

'지역 공헌 활동'은 60세 이상 연령을 대상으로 하고, 마을 청소나 방범순찰 같은 일을 주로 한다. 활동 한 번에 5포인트가 주어지며, 순찰대의 경우 매주 수요일 오후와 금요일 밤 8시 이후 또는 부정기적으로 활동하며 주로 초등학교 주변을 지킨다.

'삶의 보람 활동'은 지역에 개설된 취미 활동을 통해 삶의 가치를 느끼도록 하는 것으로, 마을 합창단, 체조, 게이트볼 대회 등에 참여할 수 있다. 대상 연령은 75세 이상이며, 포인트 스티커는 한 개가 발급된다.

마지막으로 지역에서 실시하는 '건강 증진 및 질병 예방 활동'에는 60세 이상이면 참가할 수 있으며, 치매 예방 걷기 등 건강 프로그램이 있다. 포인트는 1점이다.

각 프로그램은 개인은 물론 단체 참여도 가능하다. 1회 활동 시간은 보통 한 시간 이상이며, 단체는 5인 이상이 등록하고 일정 기간 지속적으로 활동해야 한다.

스기나미 구에서 장수 응원 포인트 사업을 시작한 2009년은 이른바 '단카이 세대'로 불리는 일본 베이비부머의 대량 은퇴가 한창이던 시기였다. 이들의 대량 은퇴가 시작되던 2007년부터 일본에서는 스기나미 구를 비롯한 전 지역에서 단카이 세대의 지역사회 참여(일본에서는 이를 '지역 데뷔'라고 부른다) 방안을 내놓았다. 장수 응원 포인트 사업은 그중 성공한 사례로 꼽힌다. 2015년 기준으로 지역 공헌 활동에 약 400개의 단체가 등록해 활동 중이고, 삶의 보람을 찾기 위한 다양한 취미 활동에도 700개 단체가 참여하고 있다.

건강과 지식, 재력을 갖춘 신고령 인류, '뉴 실버'의 등장은 일본만의 이야기는 아닐 것이다. 초고령사회 일본은 건강한 고령자가 퇴직 후에도 지역에서 자신의 역할을 찾으면서 건강하게 생활할 수 있는 방안에 대해 많은 고민을 하며 아이디어를 실천하고 있다.

한데 모여 건강체조 하는
오사카 노인들

일본의 한 지방 도시에서 개발한 고령자 체조가 인기를 끌고 있다.

오사카 시내에서 전철로 약 20분 거리에 있는 다이토 시는 과거 오사카의 베드타운으로 개발된 후 고령화가 급속히 진행되면서 지금은 시 인구 네 명 중 한 명이 노인인 고령 도시가 됐다.

그런데 요즘 이 시가 자체 개발한 체조가 노인들의 '건강수명'을 늘리는 데 효험이 있다는 소문이 나면서 이목을 끌었다. 건강수명이란 평균수명에서 질병으로 몸이 아픈 시기를 제외한 기간으로, 실제 건강한 기간이 어느 정도인지를 나타내는 척도가 된다. 일본 정부가 의료복지 예산 절감을 위해 건강수명을 늘리는 다양한 프로젝트를 진행하고 있는 가운데, 다이토 시를 '건강한 고령 도시'의 모델로 소개해 다른 지역에서 견학 신청이 쇄도하고 있다고 한다.

다이토 시의 고령자 건강체조가 인기를 끌고 있는 이유는 무엇일까?

우선 이 체조의 가장 큰 특징은 '고령자 맞춤형'이라는 점이다. 체조 개발에 의학 전문가들이 참여해 노인들의 체력 조건에 맞게 인체공학적으로 설계했기 때문에 75세 이상 고령자도 쉽게 따라 할 수 있다. 체조는 의자에 앉아서 하는 좌식 체조, 서서 하는 입식 체조, 누워서 하는 와식 체조, 이렇게 세 가지 패턴으로 구성되어 있다. 각 패턴마다 20여 가지 동작이 있는데, 한 세트당 20분 정도 시간이 걸린다. 각 동작은 몸에 무리를 주지 않는 상태에서 근육을 최대한 이완시키거나 근력을 기를 수 있게 설계되어 있다.

또 다른 특징은 그룹을 지어 같이 한다는 점이다. 개별적으로 하는 것보다 친구나 지인들과 함께 하는 것이 능률을 올릴 뿐만 아니라 정신건강에도 효과가 있다고 한다. 그룹은 보통 열 명 정도로 구성하는데, 주민들이 자체적으로 그룹을 조직하면 시가 체조와 관련된 시청각 자료와 지도 요원을 파견해주는 시스템이다. 보통 일주일에 한 번 모여 운동하는 경우가 많고, 현재 100여 개의 그룹이 활동하고 있으며, 그중 많게는 40명이 넘는 그룹도 있다고 한다.

'다이토 건강체조'를 시행한 지 벌써 10년 이상 지났고(2005년 도입), 지금까지 약 2,400명의 남녀 노인들이 참여했다. 시는 6개월에 한 번씩 그룹별로 체력검사를 실시해 그 효과를 측정하고 있는데, 검사 결과 체조를 통해 노인들의 근력 등이 강화됐고, 체조를 하지 않은 노인들에 비해 의료비 절감 효과가 있는 것으로 보고됐다.

다이토 건강체조는 건강뿐 아니라 부수적인 효과도 톡톡히 보고 있다. 체조에 참여한 노인들의 지역사회 활동이 활발해진 것이다. 초등학교 등하굣길 어린 학생들을 돌봐주거나 마을 청소를 하는 등 지역 봉사 활동에 적극 참여하는 노인들이 늘고 있다. 또 집에만 틀어박혀 있는 독거노인들을 체조에 참여하게 함으로써 '양지'로 끌어내는 효과도 있다고 한다. 고령자 체조가 고령자와 지역사회의 인연을 끈끈하게 해주는 역할을 하는 셈이다.

다이토 시는 고령자 체조 확산에 힘을 쏟고 있는데, 수년 내에 참여 단체를 200개로, 참가 인원을 4,000명으로 늘리겠다는 야심 찬 계획을 실천 중이라고 한다.

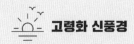

느닷없는 고려장 논란, 왜?

이마무라 쇼헤이今村昌平 감독의 영화 〈나라야마 부시코楢山節考〉(1982). 늙은 노인을 버리는 기로棄老 풍습을 소재로 인간의 생존 본능을 묘사한 일본 영화다. 19세기 일본 어느 산속 외딴 마을에서 한 남자가 가난 때문에 늙은 부모를 등에 업고 험하고 먼 산길을 걸어 '나라야마'라는 매장지에 버렸다는 설화를 내용으로 만들어졌다. 일본판 고려장인 셈이다.

최근 일본에서 느닷없는 고려장 논란이 일고 있다. 한 민간 전문가 기관이 내놓은 보고서 때문이다. 민간 전문가들로 구성돼 국가 비전을 제언해온 '일본 창성회의'는 '도쿄권 고령화 위기 회피 전략'이라는 제언을 내놓았다.

핵심 내용은 2025년이면 도쿄에서 노인 증가로 간병시설 대란이 발생할 가능성이 크기 때문에 노인들을 시골로 이주시켜야 한다는 것이다. 그렇게 하면 지방으로 인구가 분산되는 동시에 간병 병원 등 의료시설도 확충돼 지역 경제에 활력을 불어넣을 수 있다는 건데,

은퇴 고령자들에게는 질 좋고 여유로운 요양 서비스를, 도쿄 등 수도권 당국에는 간병시설 부족에 따른 고민 해결을, 지자체에는 지역 경제 활성화 효과 등을 각각 선사하는 일거삼득 효과를 기대할 수 있다는 게 일본 창성회의 측의 주장이다.

일본 창성회의는 구체적으로 도쿄 도를 비롯해 사이타마, 지바, 가나가와 등 세 개 현을 포함한 수도권의 75세 이상 고령자를 여유가 있는 도야마, 가고시마 등 41개 지역으로 이주시키도록 정부와 지자체에 촉구했다. 덧붙여 이주를 활성화하기 위해 이주와 관련한 원스톱 상담 창구를 만들고, 이주에 따른 비용을 지원하며, 한번 살아보고 결정하는 '파일럿 이주 제도'도 함께 도입하자고 제안했다.

이 같은 주장이 나오자 일부 언론에서 노인들을 강제로 지방으로 옮기는 것은 부모를 산에 버리는 것과 같은 발상이라는 반발이 일었다. 자기(도쿄) 먹고살자고 부모(고령자)를 먼 곳에 내팽개친다는 것이다.

야마구치 요시노리山口祥義 사가 현 지사는 "도쿄 노인 이주 문제에 대한 논의가 속도를 내고 있지만, 이 문제는 노인들 자신이 결정해야 할 사안이다. 그들(일본 창성회의)이 노인들을 도쿄에서 밀어내는 문제에 대해 논의하는 방식이 매우 강압적"이라고 비판했다.

물론 고려장 논란이 일본 전체에서 거세게 일고 있는 것은 아니다. 일부 의견에 지나지 않는다. 오히려 일본 창성회의 측의 고언苦言에 심정적으로 박수를 보내는 여론이 더 많다. 도대체 일본 고령자 간병시설 문제가 얼마나 심각하기에 이런 이야기가 나오는 걸까?

국립사회보장·인구문제연구소의 추산에 따르면, 도쿄권 거주 고령자의 수는 2025년 시점에 2015년 대비 175만 명 증가한 572만 명에 이를 것이며, 그에 따라 수도권 의료·간병시설과 관련 인력 부족 문제가 심각해질 것이란 예측이다.

2025년은 일본에서 '2025년 문제'라는 용어를 사용할 정도로 주목받는 해다. 2025년은 일본 전후 베이비부머 세대, 이른바 '단카이 세대'가 75세, 즉 후기 고령자로 진입하는 해다. 이들이 진짜 노인이 되면서 의료시설이 크게 부족할 것이라는 이야기다. 시설뿐만 아니라 간병 인력도 무려 38만 명이나 부족할 것이라는 예측도 나온다. 더구나 일본의 1인 독거 가구는 전체 가구의 32퍼센트에 이른다. 노인 대국의 간병 대란과 관련한 여러 문제가 일본을 공포로 몰아넣고 있는 셈이다.

고령자 지방 이주 주장에 대한 가마타 미노루鎌田實 씨(의사, 고령자 문제 전문가)의 일갈은 저출산 문제로 고민하는 한국 정책 당국자들이 반드시 되새겨볼 만한 이야기다.

"지자체가 존속하기 위해서는 고용이 중요하다. 과소화하는 지방 마을에 어느 날 갑자기 대규모 공장이 들어서기는 어려운 일이다. 하지만 의료나 간병에 중점을 두고, 거기에서 많은 젊은 세대가 일할 수 있다면 지방의 인구 유출에 제동을 걸 수 있다. 더구나 고령자들의 지혜와 경험을 살려 누구나 살기 좋은 문화를 만들어 사람들이 아이를 낳아 기르고 싶어 하는 지역이 된다면 저출산 문제가 자연스레 해결될 수 있을지 모른다."

고령 난민 구하기

고령자 지원
'기업 드림팀'이 떴다

가족 없이 홀로 쓸쓸하게 죽어가는 '고독사', 거동이 불편해 생필품을 못 사는 '구매 난민', 말벗이 없어 어두운 방에만 틀어박혀 있는 '은둔형 노인'······.

세계에서 가장 늙은 나라, 일본 사회의 민낯이다.

'더 이상 두고 볼 수만은 없다'며 일본의 대표 기업들이 뭉쳤다. 전국 곳곳에 우체국을 보유하고 있는 일본우편을 비롯해 간포생명보험·다이이치생명보험 등 보험사, NTT도코모·일본IBM 등 IT 업체, 세콤·ALSOK 등 경비회사, 여기에 일본 최대의 광고 그룹 덴쓰電通까지, 각 업계의 대표 주자 여덟 곳이 손잡고 '고령

기업	담당 업무
일본우편	우체국 직원이 정기적으로 방문, 건강 및 생활 상태 확인, 물품 구매대행
일본IBM	고령자 전용 태블릿 단말 시스템 개발
NTT도코모	통신회선 및 몸 장착 단말기 제공
간포생명보험, 다이이치생명보험	건강 및 간병 지원, 데이터 기반 보험 상품 개발
세콤, ALSOK	구급 · 위급 상황에 경비원을 자택에 파견
덴쓰	사업 홍보 등

우체국 드림팀의 고령자 지원 서비스

자 지원 드림팀'을 결성, 고령자 지원 사업에 나선 것이다. 드림팀이 할 일은 독거노인의 안부 확인에서부터 생필품 구매대행, 간병 지원, 위급 시 긴급 대응, 고령자 간 교류 및 오락 제공 등에 이르기까지 범위가 넓다.

일본우편의 우체국이 드림팀의 맏형 역할을 맡았다. 일본에는 전국에 2만 4,000개의 우체국이 있는데, 이곳의 우편배달원들이 고령자 지원의 첨병으로 활약한다. 이들은 매달 한 번씩 독거노인이나 노부부 가구를 찾아 30분씩 대화를 나누면서 고령자의 건강 상태와 생활 상태를 확인한다. 고령자가 동의하면 방문 결과를 가족이나 의료기관에 알려준다.

우체국 직원들은 몸이 불편한 노인들을 대신해 장을 봐주기도 한다. 고령자가 시내, 읍내 슈퍼나 시장 상점에 상품을 주문하면 한꺼번에 모아 배달해준다.

일본IBM의 고령자 전용 태블릿 PC는 드림팀 서비스의 창구가 된다. 일본IBM은 조작이 간편한 고령자 전용 태블릿 PC를 개발해 고령자 회원들에게 대여해줄 계획인데, 고령자들은 이 단말기를 통해 슈퍼나 양판점에 상품을 주문할 수 있다. 고령자 회원들은 또 태블릿 PC에 매일 자신의 건강 상태나 약 복용 상황을 입력하고, 보험사(간포생명보험, 다이이치생명보험)들은 이 데이터를 기반으로 회원 개개인에 맞는 간병 어드바이스와 맞춤형 보험 상품을 제공해준다.

드림팀의 서비스는 24시간 대응 체제다. 노인 회원의 건강이 위독할 때는 세콤이나 ALSOK 등 경비회사 직원이 신속히 집을 방문해 대응 조치를 한다. 필요하면 구급차를 부르고, 가족에게도 통지한다. 또 고령자 회원끼리의 교류를 지원하는 서비스도 하는데, 고령자들은 태블릿 PC에 각종 모임 안내와 소식을 올릴 수 있고, 드림팀은 이를 도와준다. 태블릿 PC에는 게임이나 가라오케 기능도 탑재되어 있어 오락기기 역할까지 할 수 있을 것으로 기대된다.

언론 보도에 따르면, 고령자 지원 드림팀은 서비스 제공을 위한 새로운 회사를 설립할 예정이며, 새 회사의 자본금은 일본우편과 간포생명보험이 절반씩 출자한다고 한다. 이용 요금은 아직 미정이지만, 월 수천 엔 선에서 저렴하게 제공될 예정이다.

일본은 인구 네 명 중 한 명이 65세 이상 고령자이다. 75세 이상 노인 인구도 2016년 1,700만 명을 넘어섰고, 2030년에는 2,300만 명까지 급증할 전망이다. 특히 시골 산골 등 인구 과소過疏 지역에 거주하는 노인들이나 도심의 고령 독거노인들을 돌보는 문제는 이미 국가적 숙제가 됐다. 또 이 많은 고령자들이 노후를 의료기관이나 간병시설에 의탁할 경우, 시설 부족 문제는 물론 천문학적인 사회보장비 등을 감당하기 어려울 전망이다. 그래서 일본 정부는 고령자들이 자택에서 자립적으로 생활할 수 있는 시스템을 마련하기 위해 머리를 짜내고 있다. 고령자 지원 드림팀은 일본 당국의 이 같은 고민에 대한 하나의 해답이 될 수 있을 것으로 기대된다.

택배회사의
'새로운 미션'

'독거노인은 우리가 지킨다.'

마을 순찰대원들의 구호가 아니다. 택배회사 배달원들의 이야기다.

요즘 일본에서 택배회사들이 잇따라 고령자 지원 서비스에 나서고 있어 눈길을 끈다. 거동이 불편한 노인들에게 생활필수품 등을 사서 집으로 배달해주는 구매대행 서비스와, 물건을 전달하면서 노인들의 건강을 체크하는 등의 간병 서비스까지 겸하고 있는 것이다.

일본 택배업체 1위 야마토 운수가 이 고령자 지원 사업에 가장 적극적이다. 야마토 운수는 일본 전국에 약 4,000개의 영업점과 4만 개의 배달 차량, 그리고 16만 명에 달하는 배달원을 보유하고 있다. 야마토 운수의 거대한 물류망이 고령자 보호를 위한 인프라로 활용되고 있는 셈이다. 야마토 운수는 스스로를 '인프라 기업'이라 부르는데, 키가와 마코토木川眞 야마토홀딩스 회장은 "인프라 기업에 주어진 사회적 책임을 다해야 한다"고 말한다.

야마토 운수의 고령자 지원 시스템은 지자체, 지역 상점가와 함께 3각 동맹으로 이루어져 있다. 먼저 고령자가 지정된 가게로 전화해 필요한 물품을 주문한다. 주문을 받은 가게는 해당 상품을 야마토 택배 배달원에게 전달하고, 배달원은 주문 상품을 모아 트럭에 싣고 고령자에게 직접 가져다준다. 배달원들은 이때 물건만 넘겨주고 마는 것이 아니라 고령자의 건강 상태나 생활상의 애로사항 등을 체크한다. 그리고 그 결과를 구청과 소방서 등 지자체 고령자 담당자에게 통지한다. 배달원은 A4용지 한 장짜리 시트지에 노인들의 건강 상태를 기입하는데, 돈을 주고받을 때의 인지 상태, 대화할 때 말에 부자연스러운 점은 없었는지 등을 꼼꼼히 기입한다고 한다.

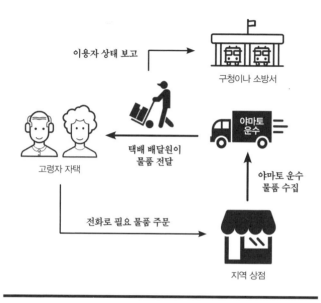

이용자 상태 보고

구청이나 소방서

야마토 운수

택배 배달원이
물품 전달

고령자 자택

야마토 운수
물품 수집

전화로 필요 물품 주문

지역 상점

야마토 운수의 구매대행 및 생활 지원 서비스

　물론 물건을 건네받은 고령자는 물건 값과 함께 택배 비용도 지불한다. 비용은 1회 150엔으로, 일반 택배 비용에 비해 상당히 싼 편이다. 비용이 저렴한 것은 지자체와 상점협회가 이를 분담하기 때문이다.

　택배 배달원이 배송하는 것은 생필품만이 아니다. 지자체의 간행물을 배포하는 일도 한다. 건강진단 알림 등 고령자 생활에 도움이 되는 지자체의 정보를 택배를 통해 전달하는 것이다. 배달원들은 배송 여부를 지자체에 통보해야 하는데, 사실상 일대일 배송 체제를 갖춘 것이나 다름없다.

최근에는 생명보험회사들이 야마토 운수에 협업의 손을 내밀고 있다. 자사 상품을 홍보하기 위해서다. 제일생명보험회사는 제일 먼저 보험 상품 리플릿 배송을 야마토 운수에 맡겼다. 택배 배달원은 단순히 리플릿을 전달할 뿐 아니라 보험 상품에 대해 간단한 피드백을 받아 그 정보를 보험회사 담당자에게 전달한다. 보험회사 영업직원들이 정기적으로 방문하기 어려운 지역의 계약자를 야마토 운수가 커버하고 있는 셈이다.

야마토 운수가 고령자 지원 서비스를 시작한 것은 2010년부터다. 이후 전국 250개 지자체와 협정을 맺고 고령자 지원 서비스를 활발히 진행하고 있다. 서비스 대상 지역은 대부분 인구 밀도가 낮은 지방의 시골이나 노인 인구가 40퍼센트가 넘는 고령 마을이다.

시골 고령자의 다리, '디맨드 교통'

효고 현과 교토의 경계에 있는 단바 시의 산골 지역에 '가모쇼 지구'라는 고령 마을이 있다. 특별할 게 전혀 없을 것 같은 이 마을이 요즘 일본에서 주목받고 있는데, 그 이유는 마을 자치진

홍회가 2011년부터 자체적으로 운영하고 있는 '고령자 버스' 때문이다.

인구 약 1,500명에 550가구가 사는, 그것도 주민 세 명 중 한 명이 노인인 이 전형적인 고령자 마을에는 노선버스는 물론 공공 교통수단이 하나도 없다. 그래서 한때 이곳 고령자들 사이에서 "차를 운전할 수 없는 노인은 병원에 가거나 물건을 사려면 비싼 택시를 이용할 수밖에 없다"는 민원이 끊이지 않았고, 당연히 이동 수단이 마땅치 않은 마을 노인들의 외부 활동이 크게 줄어 그에 따른 건강 문제, 고립 문제 등 다양한 문제점이 드러났다.

이런 상황을 더 이상 방치할 수 없어 팔을 걷어붙인 것이 마을 자치진흥회다. 한 자선가의 기부금 50만 엔을 초기 자금으로 중고 왜건을 구입하고, 마을 주민 자원봉사자가 운전대를 잡았다. 마을이 자력으로 버스를 만든 것이다.

현재 20명의 자원봉사 운전기사들이 월·수·금요일 오전 중에 지역 내 우체국과 진료소 등을 운행한다. 또 지역 밖의 큰 병원이나 대형 슈퍼에도 마을 노인들을 실어 나르고 있다. 마을버스는 단순히 이동 수단에 그치지 않고 고령자들이 서로 안부를 묻고 대화를 나누는 만남의 장소로도 인기가 높다.

버스 정류장은 마을 주민들의 희망에 따라 결정됐다. 마을 행사가 열리면 그 상황에 맞춰 버스를 운행하기도 한다. 정류장이 정해져 있지만 손님들이 원하는 장소까지 데려다주기 때문에

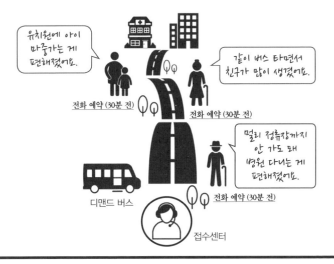

'디맨드 교통' 이용 방법 • 출처: 오아사 교통 홈페이지_OASABUS.com

사실상 '합승 택시'라고 할 수 있다. 운임은 200엔 정도. 버스보다 편리하고 택시보다 저렴하다는 것이 경쟁력이다.

가모쇼 지구의 '고령자 마을버스'가 시골 고령화 지역 공공 교통 서비스의 새로운 대안으로 주목받으면서 이후 일본 지자체들은 주민들의 요구에 맞춰 운행하는 '디맨드demand 교통'을 잇따라 도입했다.

디맨드 교통은 사전에 예약하면 차가 지정된 시간에 지정된 장소에 마중 와서 목적지까지 바래다준다는 점에서 사실상 택시에 가깝다. 다만 여러 명의 예약자가 함께 이용하고 운임도

100~300엔으로 아주 저렴하다는 것이 일반 예약 택시와 다른 점이다. 버스가 주민들의 모임 장소 역할을 한다고 해서 '커뮤니티 버스'라고 부르기도 한다.

디맨드 교통은 일본 각지로 확산되어 현재 전국 120여 개 마을에서 운행 중이다. 정부도 디맨드 교통을 개인 자격으로 영업할 수 있도록 하고, 사업자등록처를 기존 국토교통성에서 지자체로 이관하는 등 진입 규제를 완화하면서 보조를 맞추고 있다.

디맨드 교통은 합승 택시형의 '도어 투 도어형'과 '디맨드 정류장'을 설치해 운행하는 '중간형'으로 나뉜다. 일부 지역에서는 아예 무료로 운영되기도 한다. 운영 비용은 보통 운임 수익과 광고, 그리고 지자체의 보조로 충당된다. 마을 단체가 운영하는 곳이 있는가 하면, 택시회사가 위탁을 받아 운영하기도 한다.

지자체들은 디맨드 교통이 급증하는 고령자 의료비를 억제하는 데 도움을 준다는 점에 주목하고 있다. 디맨드 교통이 집에만 틀어박혀 있던 고령자들을 밖으로 끌어내면서 이들의 건강을 증진시키는 효과까지도 톡톡히 보고 있기 때문이다. 일부 마을에서는 디맨드 교통을 '건강버스'라고 부르기도 한다.

'구매 난민'을 구하라!
'이동 슈퍼'의 특명

고령화가 심각한 일본 시골에서는 마을 상점이나 슈퍼가 문을 닫고 교통수단마저 철수하면서 장보기가 어려운 노인들이 급증하고 있는데, 이들처럼 생필품 등의 물건들을 그때그때 구입하기 어려운 사람들을 '구매 난민'이라 부른다. '구매 약자'로 불리기도 하는데, 일본 전역에 약 700만 명이나 되고(2014년 일본 경제산업성) 앞으로도 계속 늘어날 전망이어서 일본 정책 당국은 대책을 마련하느라 분주하다.

민간 쪽에서도 구매 난민을 위한 '구조 활동'을 펼치고 있다. 일본 편의점과 우체국 또는 택배회사들이 손잡고 구매 난민들에게 생필품을 배달해주거나, 전화 주문을 받아 장을 대신 봐주는 서비스를 하고 있다.

그런 와중에 '이동 슈퍼'가 구매 난민 비즈니스로 눈길을 끌고 있다. 트럭에 생필품이나 식자재를 싣고 직접 마을 주민들 집까지 찾아가 판매하는 사업인데, 최근 일본 전역에서 빠르게 늘고 있다고 한다.

이동 슈퍼의 대표적 성공 사례로 시코쿠 지방 도쿠시마 시의 '도쿠시마루とくし丸'라는 회사가 꼽히고 있다. 요미우리신문讀賣新聞은 기사에서 '도쿠시마루' 사례를 이렇게 소개하고 있다.

"도쿠시마 시 외곽의 작은 마을. 컬러풀한 경트럭 한 대가 마을의 좁은 길을 달리다 한 민가 앞에 멈추어 서더니 '임시 미니 슈퍼'로 변신한다. 트럭에는 생선을 비롯한 신선한 식자재와 여러 가지 생필품 약 400종류, 1,500개 품목의 물건들이 진열되어 있고, 장바구니를 든 마을 노인들이 반가운 듯 물건을 살핀다. '오늘은 고등어가 신선하고 좋습니다.' 이동 슈퍼 주인의 말에 선뜻 고등어를 집어 든 할머니의 표정이 흐뭇하다."

'도쿠시마루'라는 이동 슈퍼 사업을 운영 중인 스미토모 씨는 4년 전 모친이 '구매 난민' 처지가 된 것을 알게 된 후 그동안 해오던 사업을 접고 직접 이동 슈퍼 사업을 시작했다.

예금과 외부 출자 등으로 사업비 1,000만 엔을 마련한 그는 우선 지역 대형 슈퍼와 계약해 상품을 조달하기로 했다. 이동 판매는 다른 개인 사업자에게 맡기고 물건은 정가보다 약간 비싸게 판매했다. 그렇게 해서 생긴 이익은 운영 사업자인 자신과 이동 판매자, 지역 슈퍼, 이렇게 3자가 배분했다.

지역 대형 슈퍼는 힘들이지 않고 판로를 확대할 수 있었고, 별다른 위험 요소가 없었기 때문에 이동 판매자도 선뜻 나서주어서 사업을 시작하는 데 큰 어려움은 없었다. 하지만 이동 슈퍼는 생각만큼의 매출을 올리지 못했고, 경영난 때문에 사업을 접어야 할 상황까지 가기도 했다. 그런 상황에서 스미토모 씨는 구매 난민들이 무엇을 필요로 하는지 개개인을 찾아다니며 철저히 수요를 파악하고, 제품도 소비자가 선호하는 것을 바로바로 조달하는 등 유연하게 대처했다.

이런 노력이 서서히 효과를 내면서 사업 4년째부터 실적이 급신장해 지금은 도쿠시마 시뿐만 아니라 열도 북단 아오모리 현부터 남단 가고시마 현까지 28개 도시에서 모두 100대의 이동 슈퍼 트럭이 달리고 있다. 연간 매출액도 1억 7,000만 엔에 달한다고 한다(2015년 12월 기준).

도쿠시마루의 성공 사례가 알려지면서 일본 각지에서는 이동 슈퍼가 잇따라 생겨났고, 산간벽지에서 외딴 섬 지역까지 이동 슈퍼가 찾아가는 곳마다 주민들의 호평이 이어진다고 한다. 시력측정기를 갖추고 수백 개의 안경을 진열한 '이동 안경점'도 등장해 눈 때문에 불편을 겪는 고령자를 찾아가는데, 전국 방방곡곡을 누비는 이동 안경점이 이미 수십 대에 이른다.

일본 정부는 이동 슈퍼와 같은 이동 판매 시스템이 앞으로 초고령사회의 중요한 생활 인프라가 될 것으로 보고 관련 사업에 보조금을 지급하는 등 큰 관심을 보이고 있다.

편의점은 사회 인프라,
집 근처에 없으면 '편의점 난민'

일본에는 '편의점 난민'이라는 말이 있다. 편의점 난민이란 쉽게 말해 편의점에서 물품을 구매하기가 어려운 사람들을 가리키는 말로, 걸어서 쉽게 편의점을 이용할 수 있으면 '편의점 시민'이고, 그렇지 못하면 '편의점 난민'이라는 것이다.

편의점 난민은 2016년 일본의 한 금융기관 연구원이 내놓은 『편의점 난민コンビニ難民』이라는 책이 화제가 되면서 생겨난 말이다. 저자는 책에 일본 전국의 편의점 점포망이 커버하는 도보권 인구, 즉 '편의점 생활권'을 산출해 실었다. 저자는 특히 편의점 점포 입지와 고령자 주거 지역의 지리적 관계를 조사해 노인들이 편의점 생활 혜택을 얼마만큼 받고 있는지를 조사했다.

거주지와 편의점을 도보로 왕복하는 데 걸리는 시간을 10분 기준으로 설정하고, 거리의 경우 일반인은 거주지 반경 500미터 이내, 65세 이상 고령자는 보행 속도를 감안해 300미터 이내를 편의점 생활권으로 적용했다.

조사 결과는 흥미로웠다. 편의점 생활권에 거주하는 고령자 비율은 전국 평균 39퍼센트에 그쳤다. 고령자 61퍼센트가 편의점에 접근하는 데 불편함을 느끼고 있다는 이야기다. 편의점 난민 비율이 60퍼센트가 넘는 셈이다.

물론 지역별로 큰 차이가 있었는데, 도쿄 도심의 경우 편의점의 고령자 커버율은 86퍼센트로 높았다. 119미터 간격으로 편의점이 있기 때문이다. 하지만 도쿄 등 대도시를 제외한 인구 20만명 이상의 도시, 예를 들어 미야기 현 쓰쿠바 시 같은 곳은 고령자편의점 난민 비율이 무려 80퍼센트가 넘는 것으로 나타났다.

일본 사람들은 왜 이렇게 편의점에 주목하는 걸까? 그 이유는 일본의 편의점이 생활 잡화점을 넘어 하나의 인프라로 부상하고 있기 때문이다. 현재 일본에는 약 5만 5,000개의 편의점 점포가 있다. 한 달에 편의점을 찾는 소비 인구는 무려 14억 명. 연간매출액은 10조 엔, 한국 돈으로 100조 원을 훨씬 넘어서는 규모다. 우리에게도 익숙한 이름인 세븐일레븐, 로손, 패밀리마트 등의 편의점업체들이 3파전을 벌이고 있다.

일본의 편의점은 택배 물품을 맡기고 찾을 수 있는 택배 서비스는 물론이고, 현금 자동인출 등 금융 서비스와 공공요금·세금 수납대행 등의 생활 서비스도 제공하며, 최근에는 인감증명서와 주민표(주민등록등본) 복사본을 발행하는 행정 서비스까지 시작했다. 편의점이 사실상 주민들의 종합 생활서비스센터 역할을 하고 있는 셈이다.

그러다 보니 일본 사람들의 편의점 의존도는 갈수록 높아질 수밖에 없다. 편의점이 집 주변에 있는 만큼 편리한 생활을 할 수있어 특히 고령자들에게는 '없어서는 안 될 곳'이 되어가고 있는 것이다. 일본 사람들이 편의점을 생활 인프라로 인식하게 된 데는 엄청난 인명·재산 피해를 가져왔던 2011년 3월 11일 동일본 대지진 때의 경험이 적지 않은 영향을 주었다고 한다. 재해 당시 편의점이 피해 지역에 지원 물자를 신속히 제공하고 피난민에게 수도와 화장실을 제공하는 등 공적 역할을 톡톡히 해낸 것이 강한 인상을 남겨, 그 이후로 편의점을 생활 인프라로 인식하는 경향이 강해졌다.

이런 분위기에 맞춰 일본 편의점업체들도 고령화로 인한 소비자들의 수요 변화에 적극 대처하고 있다. 성인용 기저귀나 돋보기와 같은 고령자용 생필품 품목 수를 대폭 늘리는가 하면, 고령자들의 만남의 장소를 마련하는 등 고령자 친화적으로 적극 변하고 있다.

노인들에게 간단한 건강검진은 물론 건강 상담까지 제공하는 편의점까지 등장했을 정도다. 또 홀로 사는 노인에게 물건을 배달하면서 노인의 근황을 살펴 지자체에 전달하는가 하면, 지자체와 협력해 마을의 치매 환자를 보호하는 등 고령사회 솔루션으로서의 역할까지 해내고 있다.

일본의 편의점업체들이 가맹하는 일본 프랜차이즈체인협회는 지난 2009년 '사회 인프라로서의 편의점' 선언을 발표하면서 환경 부담 감축, 소비자 편리성 증대, 마을의 안전 및 안심 지원, 지역 경제 활성화 등 지역사회 공헌을 위한 목표를 내걸기도 했다.

일본에 뒤지지 않을 만큼 빠른 속도로 고령화되고 있는 한국도 앞으로 편의점을 비롯한 각종 생활 인프라의 사회적 역할에 대해 곰곰이 생각해볼 필요가 있어 보인다.

운전면허 반납하면
할인 혜택을!

"운전면허를 반납하면 택시 요금을 할인해드려요."

일본 군마 현의 마에바시 시는 일본에서 주민 운전면허 보유율이 높은 곳으로 유명하다. 그래서 운전하는 노인 역시 타 지역에 비해 많은데, 이곳에서 2016년 노인 운전면허와 관련해 새로운 제도가 시행돼 눈길을 끌고 있다.

'고령 운전자 운전면허 자진반납 지원제도'. 나이 많은 노인이 스스로 운전면허를 반납하면 그 대가로 여러 혜택을 주는 제도다.

대표적인 것이 택시 요금을 깎아주는 것이다. 최대 50퍼센트까지 할인받을 수 있다. 면허를 반납하면 차를 운전할 수 없기 때문에 택시를 많이 이용하게 되는데, 택시 이용으로 인한 금전적 부담을 시가 지원해주겠다는 것이다. 교통비 보전으로 고령 운전자가 운전면허를 스스로 반납하도록 유도하겠다는 취지다.

노인들이 운전면허를 스스로 반납하면 상품권을 주는 지자체도 있다. 또 어떤 지역은 백화점이나 음식점 할인 서비스를 통해 자진반납을 권유하기도 한다.

운전면허센터에 간호사를 상주시키거나, 운전면허 반납 상담실을 설치해 고령 운전자들의 자진반납을 유도하는 지자체도 있다. 구마모토 현은 운전면허센터 운전 적성검사 상담 창구에 세 명의 간호사를 배치해 치매를 비롯한 운동 기능 능력 검사를 시행하고, 상담 후 건강 상태가 좋지 않은 운전자에게 자진반납을 권유하고 있다. 이런 노력 덕분에 구마모토 현의 운전면허 반납 건수는 해마다 증가 추세라고 한다.

이처럼 요즘 일본에서 노인들의 면허 반납을 촉진하기 위해 지자체들이 다양한 아이디어를 짜내고 있는 이유는 고령 운전자가 일으키는 교통사고가 갈수록 증가하고 있기 때문이다.

일본 경시청 조사(2015년 기준)에 따르면, 75세 이상 운전면허 보유자는 430만 명을 웃도는데, 이 중 치매 의심 환자가 최대 16퍼센트에 이를 것으로 추산되고 있다. 2014년에 발생한 고속도로 역주행 사고 가운데 70퍼센트가 65세 이상 고령자에 의한 것이었는데, 이 중 치매 환자가 12퍼센트에 달했다. 또 2015년 전체 교통사고 건수 가운데 65세 이상 고령자에 의한 사고 비율이 20퍼센트에 육박한다고 한다.

상황이 이러니 일본 정부도 고령 운전자에 대한 대책을 세

울 수밖에 없었고, 그중 하나가 자율적으로 운전면허를 반납하도록 유도하는 제도다.

사실 일본의 운전면허 자진반납제도는 1998년 4월부터 시행됐다. 하지만 운전면허증이 신분증으로 사용되다 보니 사람들이 반납을 꺼렸다. 그러다 2002년, 운전면허를 반납한 사람에게 '운전 경력 증명서'를 발행해 본인 확인 서류로 쓸 수 있도록 한 후부터 자진반납 성과가 좋아졌다고 한다. 경시청 운전면허 통계에 따르면, 2014년 연간 20만 건의 자진반납이 이루어졌고, 이 중 95퍼센트가 65세 이상 고령자인 것으로 나타났다.

고령 운전자 사고 방지 대책으로 '면허갱신 심사 강화'라는 '채찍'도 동원되고 있다. 일본 정부는 2009년 도로교통법을 개정해 75세 이상은 3년마다 실시하는 면허갱신 때 치매검사를 의무적으로 받도록 했다. 치매 의심이라는 진단이 나오면 의사의 진단을 의무화하고, 의사 진단 시 치매로 판명되면 면허를 정지시킬 수 있게 했다.

하지만 고령자의 운전면허를 반납시키는 것만이 능사가 아니라는 지적도 많다. 면허증 회수에 중점을 두기보다 뇌 트레이닝, 근력 운동 등을 의무화해 운전 가능 연령을 늘리는 것이 고령화 시대에 더 적합하다는 주장도 설득력이 있어 보인다.

고령 보행자를
보호하라

　보행자 교통사고는 어느 시간대에 가장 많이 일어날까? 또 보행 중 가장 많이 사고를 당하는 사람은 누구일까? 답은 해 질 녘 어둑어둑할 때, 그리고 65세 이상 고령자이다.

　물론 일본의 이야기다. 세계에서 가장 늙은 나라 일본에서는 요즘 보행 중인 고령자의 교통사고가 크게 늘어 걱정이 많다. 고령자들의 보행 중 일어나는 교통사고의 특징을 분석해보면 일몰 전후 시간대가 유독 많은데, 이것이 일반 보행자 교통사고와 비교했을 때 가장 큰 차이다.

　이 같은 문제점을 타개하기 위해 일본 정부는 '특단의 조치'를 내놓았다. 자동차의 야간 자동 점등 의무화가 그것이다. 요즘 출시되는 승용차는 대부분 주변이 어두워지면 자동으로 헤드라이트(전조등)가 들어오는 '오토 라이트'를 탑재하고 있는데, 이 같은 자동 점등 장치의 설치를 강제하겠다는 것이 그 내용이다. 일본 국토교통성은 2020년 이후에 출시되는 차량을 대상으로 하는 관련법을 곧 개정할 방침이라고 한다.

　목적은 고령 보행자를 교통사고로부터 보호하는 데 있다. 앞에서 이야기했듯이 보행자의 교통사고 가운데 고령자가 차지하는 비율은 매우 높다. 일본 국토교통성에 따르면, 2014년 교통사고 사망자는 총 4,113명. 이 중 절반이 보행자와 자전거 이용자인데, 보행자 가운데 71퍼센트, 자전거 이용자 가운데 64퍼센트가 65세 이상 고령자인 것으로 조사됐다. 또 주목할 점은 이들 고령자의 사망 사고 발생 시간을 분석했을 때 젊은 세대와 달리 일몰 전후 시간대가 유난히 많았다는 것이다.

정부 당국은 이 같은 조사 결과를 토대로 주변이 어둑어둑해지면서 운전자의 시야가 제대로 확보되지 않았기 때문이라는 결론을 내렸다. 따라서 그에 대한 대책으로 주변이 어두워지면 전조등을 의무적으로 켜도록 한 것이다.

일본자동차연맹JAF에 따르면, 2014년 약 4만 5,000대를 대상으로 한 조사 결과, 일몰 30분 전에 헤드라이트를 켜는 운전자가 0.9퍼센트, 5분 전에 켜는 운전자가 10.3퍼센트에 그쳤고, 일몰 후에도 22.8퍼센트가 헤드라이트를 켜지 않고 주행하는 것으로 나타났다. 국토교통성은 자동차의 헤드라이트는 운전자의 시야를 확보해줄 뿐만 아니라 고령 보행자에게도 차의 존재를 알려주는 데 큰 의미가 있어 중요하다고 강조한다.

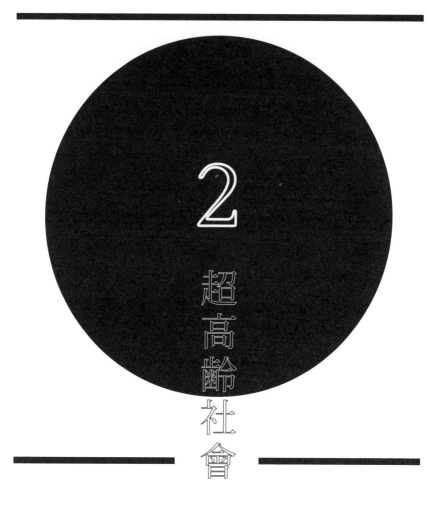

2

超高齡社會

간병, 이제 사회가 안는다
: 간병의 사회화

超高齢社会

'지역 간병'을 향한 도전

24시간 간병한다!
'지역 포괄 케어 시스템'

고령과 질병으로 누군가의 간병이 절실한데 돌봐줄 가족이
나 친척이 없다면? 곧바로 병원이나 요양시설을 머리에 떠올릴
지 모르겠다. 그렇다고 정든 집을 떠나 아는 사람 하나 없는 삭막
한 시설에 '수용'되는 것을 좋아할 노인이 얼마나 될까? 더구나
장기간 입원하거나 시설을 이용하려면 만만찮은 비용을 감내해
야 한다.

세계에서 가장 늙은 나라 일본이 이 난제를 해결하기 위한
'대담한 실험'에 나섰다. 프로젝트명 '지역 포괄 케어 시스템'. 이
시스템은 간병이 필요한 고령자나 장애인이 자택에서 의료, 간

병, 예방, 생활 지원 등의 서비스를 받을 수 있도록 지역사회가 포괄적으로 서비스를 제공하는 것을 말한다. 돌봄의 손길이 필요한 고령자, 환자가 병원이나 시설에 가지 않고도 살던 집과 지역에서 여생을 보낼 수 있도록 지원한다는 것이 원래의 취지다.

일본의 지역 포괄 케어 시스템은 2013년 사회보험제도 개혁 국민회의 보고서에서 발표된 이후 2014년 관련법이 정비됐고, 그 후 지자체별로 지역 특성에 맞춰 시스템 마련에 나섰다.

이렇게 된 배경에는 '2025년 문제'가 있다. 2025년은 단카이 세대로 불리는 일본 베이비부머들이 75세가 되는 해다. 이들 집단이 간병을 요하는 노인 인구 그룹으로 편입되면 기존의 병원과 요양시설 시스템은 한계에 부딪칠 수밖에 없게 된다. 참고로, 2016년 기준 일본의 75세 이상 인구는 약 1,700만 명이다.

특히 대도시와 주변 도시의 고령화가 더욱 심각해져 병원 등 간병시설이 크게 부족할 판이다. 그렇다고 간병시설을 무작정 늘리는 것도 곤란하다. 인구 감소로 언젠가는 공급 과잉 시설이 될 수 있기 때문이다. 거기다 가능하면 살던 집에서 임종을 맞고 싶다는 고령자들의 절절한 희망도 무시할 수 없다. 또 일각에서는 '노노간병', '나 홀로 간병' 등에 따른 피로로 가족들이 극단적인 선택을 하는 등 안타까운 사건이 이어지고 있다.

중앙정부 주도가 아닌 지역사회가 일체가 돼 서로 돕자는 취지의 지역 포괄 케어 시스템은 이 같은 절박함 속에서 태어났다. 시스템을 구체적으로 설명하면 다음과 같다.

지역이 각 지역 의사회와 협력해 재택의료간병지원센터를 만들고, 여기에 의사, 간호사, 간병인 등이 사실상 24시간 상주한다. 이들은 긴급 상황이 발생했을 때는 물론 평상시에도 주기적으로 고령자 자택을 방문해 치료한다. 또 고령자 가족 상담 창구인 지역포괄지원센터를 두고, 이곳에서 생활 지원 서비스를 담당한다. 지역의 범위는 인구 1만 명을 기준으로, 긴급 상황에서 의료진이 30분 이내에 방문할 수 있는 거리다.

지자체들의 사례를 보자. 지바 현의 가시와 시는 시와 의사회 등이 협력하에 지역의료연계센터를 만들어 재택 의료를 희망하는 고령자에게 필요한 서비스를 소개하고 환자 정보를 네트워크상에서 공유하고 있다.

후쿠시마 시는 히타치 제작소에 의뢰해 지역 포괄 케어 정보 플랫폼을 만들어 운영할 예정이다. 플랫폼은 후쿠시마 시가 보유한 주민 의료 간병 관련 각종 데이터를 집약하는 데이터 집약 시스템을 구축할 계획이다.

사이타마 현은 2016년부터 네 개 시에서 지역 포괄 케어 시스템 모델 사업을 진행하고 있는데, 2019년 현 전체로 확대할 예정이다.

요코하마 시는 지역에 생활 지원 코디네이터를 배치해 재택 의료 연계 거점의 정비를 시작했고, 가와사키 시는 2016년 4월

구청 조직을 개편해 지역안부지원센터를 설치하고 담당 보건사를 배치했다.

일본의 이 대담한 실험은 아직 시작 단계다. 지역 포괄 케어 시스템의 핵심은 재택 의료 간병에 있는데, 방문 검진이나 왕진에 나서는 의료기관, 방문 간병 사업소 등의 밀접한 연계가 성공의 열쇠다.

일본도 아직 재택 의료에 열정을 보이는 의사, 간호사, 간병 종사자 등 전문가가 부족한 실정이다. 지역 포괄 케어는 전문가만으로 시스템을 구축·유지하는 것은 사실상 불가능하다. 시민단체, 자원봉사단체, 마을 자치회나 노인회 등 민간기관들의 협력이 필수적이다. 전문가들은 지역 포괄 케어 시스템은 의료 간병 전문가와 함께 지역 주민이 만들어간다는 의식이 무엇보다 중요하다고 강조한다.

집 밖으로 나서는
치매 노인들

교토 부 우지 시라는 곳에 사는 나카니시(64세) 씨. 2013년 겨울 어느 날, 그녀는 마트에 장을 보러 갔다가 큰 충격을 받았다. 평소처럼 반찬거리를 사서 계산대 앞에 섰는데, 갑자기 머리가 멍해지면서 잔돈 계산이 안 되는 것이다. 급한 마음에 일단 지폐를 내고 잔돈은 계산원이 주는 대로 받아 왔지만, '혹시나' 하는 놀란 마음이 내내 가라앉질 않았다.

그녀는 곧바로 병원으로 달려가 검사를 받았고, '치매' 진단이 내려졌다. 청천벽력이 따로 없었다. 그때 이후 나카니시 씨가 장을 보러 혼자 마트에 가는 일은 없었다. 항상 남편이 지갑을 갖고 동행했다.

그러기를 3년. 2016년 겨울 나카니시 씨는 정말 오랜만에 혼자 장보기에 나섰다. 그녀의 손에는 찬거리를 메모한 종이와 지갑이 들려 있었다. 문제의 '잔돈 계산'도 탈 없이 해낼 수 있었다.

나카니시 씨의 '3년만의 외출'이 가능했던 건 바로 '치매 서포터' 덕분이다. 치매 환자의 일상생활을 지원하기 위해 우지 시가 양성한 자원봉사자가 그동안 그녀와 함께 물건을 사고 계산을 도왔던 것이다.

'누군가가 잔돈 계산만 도와주면 혼자서 장보는 건 문제없을 텐데……' 늘 아쉽기만 했던 나카니시 씨에게 서포터의 존재는 고맙기 그지없었다. 오랜만에 홀로 장을 보는 아내의 모습을 멀리서 지켜보던 남편도 "긴장된 아내의 표정에서 삶의 활력마저 느꼈다"며 무척 흐뭇해했다.

나카니시 씨의 이야기는 일본 요미우리신문이 '치매와의 동행'이라는 기획기사에 소개한 사례다. 지자체나 지역 기업 등이 서로 힘을 합치면 치매 환자가 지역에서 일상적인 생활을 해나갈 수 있고, 이를 통해 치매 환자들의 정신건강에 좋은 효과를 기대할 수 있다는 것이 기사의 골자였다.

일본의 치매 환자는 약 520만 명(2015년 기준)으로, 고령자 약 일곱 명 중 한 명이 치매로 고통을 겪고 있다. 2025년에는 그 수가 700만 명까지 늘어날 것이라고 한다. 상황이 이렇게 되자 일본 정부는 2015년 '신新 오렌지 플랜'이란 이름의 국가 치매 대응 전략을 내놓았다. 전략의 핵심은 치매 환자를 단순히 보호할 대상으로만 삼지 말고, 치매 정책을 수립할 때 치매 환자나 그 가족들의 생생한 의견까지 반영하겠다는 것이다. 또 하나, 치매 환자가 적극적으로 사회 활동에 참여할 수 있도록 환경을 정비하겠다는 의지도 담고 있다.

우지 시는 이 같은 국가 정책에 맞춰 2015년 '치매 환자가 살기 편한 마을, 우지'를 선언하면서, 치매 카페 설치, 치매 환자 자원봉사자 양성, 치매 교육 강좌 등 치매에 친화적인 환경 만들기에 노력하고 있다. 기업, 금융기관, 마을 상가, 택시회사 등 30개 사도 시와 뜻을 함께했다. 일례로 이 지역 마트의 직원 90퍼센트가 치매 서포터 양성 강좌를 수강해 치매 환자들의 쇼핑을 적극 돕고 있고, 향후 노인이나 치매 환자를 위해 별도의 '슬로 계산 카운터'를 설치하는 것도 검토하고 있다고 한다.

요미우리신문이 전한 치매 환자들의 사회 활동과 관련한 이야기가 또 하나 있다.

　도쿄 도 마치다 시에 있는 한 자동차 판매점. 빨간 점퍼를 입은 고령의 남성 네 명이 전시된 차량을 씻고 닦느라 열심이다. 네 사람은 모두 인근의 데이케어센터(고령자 주간보호센터)에 다니는 초로기初老期 치매 환자(65세 이하의 젊은 치매 환자)들이다.

　이 자동차 판매점은 얼마 전 세차 업무를 인근 데이케어센터에 위탁했다.

　"신체 능력은 멀쩡한데 가벼운 치매 증상 때문에 일을 포기해야 하는 것이 안타깝습니다. 일하는 것은 치매 환자의 증상을 완화하는 데 큰 도움이 됩니다."

　데이케어센터는 이렇게 홍보하면서 치매 노인들의 일자리를 찾아 나섰고, 한 자동차 판매점이 이런 취지에 공감하면서 위탁 사업이 시작됐다. 치매 환자들의 꼼꼼한 일처리가 입소문을 타면서 다른 판매점의 세차까지 위탁받게 된 것은 의외의 전개였다.

　이 데이케어센터의 치매 환자들은 단순히 보호 · 관리만 받는 것이 아니다. 채소 배달, 화단 가꾸기, 아동 보육 도우미 등 다양한 일거리를 찾아 적극적으로 사회 밖으로 나서고 있다.

　전문가들은 치매 환자들이 퇴직한 후에도 일상생활을 유지하고 일터에서 함께 일하면서 사회와 연결고리를 유지하는 것이 중요하다고 말한다. 최근 우리도 치매 환자를 국가가 책임지고 관리하겠다는 정책 목표를 밝혔지만, 치매 환자들을 단순히 보호나 관리 대상으로만 인식해서는 해결책을 내기가 쉽지 않을 것이다. 치매 환자들이 일상생활을 영위하면서 치료받을 수 있는 '생활 속 케어 시스템'을 어떻게 만들어나갈 것인지 앞으로 더 많은 고민이 필요하다.

치매 가족의 안식처 '치매 카페'

일본에는 '치매 카페'라는 것이 있다. 전국에 약 650곳이 운영되고 있는데, 2012년부터는 일본 정부가 국가 치매 대책의 하나로 카페의 확산을 장려하고 재정적인 지원도 해주고 있다.

치매 카페는 치매 환자와 가족, 지역 주민, 전문가들이 한곳에 모여 차를 마시거나 간단한 식사를 하면서 서로의 고민을 이야기하고 정보를 공유하는 장소이다. 치매에 관심 있는 사람들이 모여 편안한 분위기에서 세상 돌아가는 이야기도 하고, 가벼운 체조를 하며 심신의 피로를 풀기도 한다.

이전에도 있었던 치매 가족회나 치매 간병인 모임과 치매 카페의 다른 점은 치매 환자, 치매 가족 이외에 전문가나 치매에 관심이 있는 일반인들까지 제한 없이 참여할 수 있다는 것이다. 일반인도 부담 없이 치매 카페를 방문하게 함으로써 치매에 대한 관심을 높이고 치매 환자에 대한 편견을 없애는 효과를 기대할 수 있다. 또한 치매 카페는 치매 환자를 '특별 취급'하지 않는다는 점이 특징이다. 치매 환자도 카페 운영 스태프로 참여하며 자원봉사 활동을 할 수 있다. 자신이 치매 환자라는 자괴감을 벗고 일반인과 함께 카페 일을 도우면서 삶의 보람을 찾을 수 있도록 배려하는 것이다.

일본의 『고령사회백서』에 소개된 치매 카페 성공 사례를 하나 들여다보자.

도치기 현 우쓰노미야 시에 있는 '오렌지 살롱 이시쿠라石蔵 카페'. 2012년 오픈한 이곳은 당시 마을에 방치되어 있던 벽돌 창고를 자원봉사자들이 직접 수리해 치매 환자 가족회가 운영하고 있다.

카페는 매월 두 번 문을 열고, 가족회 관계자와 자원봉사자들이 함께 일한다. 사람들은 이곳에 모여 커피와 케이크를 즐기기도 하고, 현지에서 생산한 채소를 이용해 만든 점심 식사를 제공하기도 한다. 또 자원봉사자들이 주최하는 공연도 열린다. 매월 이곳에서 열리는 치매 가족 모임에서는 가족들 간의 다양한 정보 교환이 이루어지고 있다.

카페는 치매 환자나 가족뿐만 아니라 지역 주민들도 많이 찾는데, 매번 30명 정도가 이용한다고 한다. 카페를 찾은 사람들이 테이블 정리나 식기 청소 등을 자발적으로 도와주고, 치매 환자 본인도 할 수 있는 범위 안에서 자신의 일거리를 찾아 하는 것이 이 카페의 특징이다.

가족회 관계자들은 "치매 카페가 생긴 후 동네 사람들의 치매 환자에 대한 인식이 점점 바뀌는 것을 실감한다"고 그 효과를 이야기하면서, 치매 카페가 생긴 후 자신이 치매에 걸렸다는 사실을 숨기지 않고 말하는 사람이 늘었다는 자랑도 빼놓지 않았다.

치매 카페는 이처럼 치매 환자가 집에만 틀어박혀 있지 않고 일반인과 교류할 수 있는 기회를 주면서, 동시에 지역 주민이 치매 서포터로서 치매 환자와 가족을 도울 수 있는 기회도 제공해준다고 할 수 있다.

도쿄에는 매일 문을 여는 상설 치매 카페도 생겨나고 있다. 또 족탕 코너가 마련되어 있거나 치매 전문가가 상담을 해주는 등의 다양한 치매 카페가 일본 전역에서 운영 중이라고 한다. 2012년 일본 정부가 내놓은 '오렌지 플랜'이라 불리는 치매 환자 대책 5개년 계획에는 이러한 치매 카페 활성화를 위한 재정적 지원이 포함되어 있다. 2015년 1월에는 치매 카페가 치매 대책 국가 전략의 하나로 설정되고, 2018년부터 지역 실정에 맞게 전국에 치매 카페 설치를 사실상 의무화하는 '신 오렌지 플랜'도 발표되었다.

2016년부터는 치매 카페 운영자들이 치매 환자 집을 방문하는 프로그램도 추진되고 있다. 지리적 여건 때문에 카페에 자주 나오지 못하는 치매 환자 가정에 운영자들이 '출장'을 가서 환자, 가족의 말벗이 되어주거나 고충을 들어주는 일을 하는 것이다. 또 주민들이 자주 찾는 은행이나 약국 등에서 치매 환자 대응 등의 관련 상담을 할 수 있도록 하는 방안도 함께 마련할 예정이다.

간병의 달인이 전하는 '치매 대응 7대 원칙'

"치매는 이제 국가가 책임지고 관리하겠다."

문재인 정부가 치매를 국가가 책임지고 관리하겠다고 했다. 이제 치매는 한 가정의 문제가 아니라 사회가 함께 떠안아야 할 과제가 되었다. '치매 케어의 사회화'가 시작된 셈이다.

한국의 치매 환자는 2015년 기준으로 약 70만 명에 달한다. 이웃 나라 일본은 어떨까? 일본 후생노동성에 따르면, 2015년 기준으로 일본에는 약 520만 명의 치매 환자가 있는 것으로 조사되고 있으며, 2025년에는 700만 명이 치매를 앓게 될 것으로 예상된다. 치매에 대해 우리보다 더 많이 고민하고 있는 일본에서 치매 관련 원 포인트 레슨을 받는 것도 나쁘지 않을 것 같다.

일본 공영방송 NHK의 〈원 포인트 간병의 기술〉 등에 출연해 유명해진 미요시 하루키三好春樹 '생활과 재활연구소' 대표는 간병 재활 전문가로 활약하면서, 피간병인의 존엄성을 중시하는 고령자 간병 방법과 철학을 전파하고 있다. 일본 사이타마 시의 한 간병 사업소가 정리한 미요시 대표의 치매 대응 7대 원칙을 소개한다.

원칙 1. 환경을 바꾸지 않는다

치매 환자들은 본질적으로 노화라는 변화에 제대로 적응하지 못하는 사람들이다. 몸의 변화에 적응하지 못하는 사람들에게 주변 환경의 변화까지 겹쳐지면 치매 증상이 더욱 악화될 가능성이 크다. 치매 케어의 제1원칙은 '환경을 바꾸지 않는다'는 것이다.

대표적인 환경의 변화가 바로 입원이다. 익숙한 집을 떠나 다른 환경에서 생활할 것을 강요당하는 것은 고령자에게 절대 좋은 영향을 주지 못한다. 이사 등으로 거처를 옮기는 것도 좋지 않다. 고령자들이 기존의 인간관계에서 멀어져 새로운 곳으로 거처를 옮긴 이후 치매 증상이 나타났다는 이야기도 종종 들려온다. 그럼 어떻게 해야할까?

가장 좋은 방법은 지인들이 많은 지역, 익숙한 환경, 즉 살던 집에서 계속 생활하는 것이다. 장기요양보험을 잘 활용하면 재택 치료 서비스를 받을 수 있다. 정들었던 삶의 터전을 옮길 수밖에 없는 불가피한 상황이라면 가급적 집에서 가까운 요양시설을 선택하는 것이 좋다. 가까운 거리에 살면 기존의 인간관계를 유지하고 생활 습관을 지속시킬 가능성이 높기 때문이다.

어쩔 수 없이 간병시설에 들어가야만 하는 상황이라면 다음 조건은 반드시 충족하는 게 좋다.

첫째, 인간관계나 식생활에 변화를 주지 않도록 가능한 한 기존에 살던 지역의 요양시설에 들어가야 한다. 간혹 면회 등이 편리하다는 이유로 자녀들이 거주하는 곳 인근 시설을 선택하는 경우가 있는데, 이는 매우 위험한 선택이다.

둘째, 간병시설 내 개인 주거 공간을 그동안 지내왔던 익숙한 분위기로 만들 수 있도록 허락해주는 시설을 선택해야 한다. 개인 물품을 지참하는 것을 제한하는 시설은 가급적 피하는 게 좋다.

원칙 2. 생활 습관을 바꾸지 않는다

다음은 입원이나 거처 이전 등의 환경 변화가 있을 때의 대처법이다. 환경의 변화는 어쩔 수 없더라도 기존의 생활 습관만은 바꾸지 않도록 노력하는 것이 중요하다. 최근 공공 노인 요양시설은 대부분 개인실로 되어 있는데, 개인실은 가족과 함께 지내왔던 고령자의 생활 습관과는 다소 동떨어진 부분이 많다. 지금까지 노인들은 문만 열면 가족과 바로 소통하는 환경에서 살아왔다. 따라서 가급적 개방된 공간에서 생활할 수 있도록 배려가 필요하다.

또 하나의 중요한 생활 습관인 목욕도 기존의 방식을 유지하는 것이 좋다. 요양시설의 기계식 첨단 목욕시설은 고령 입주자들에게 이질감을 준다. 다수가 이용하는 공동 욕실 역시 익숙하지 않은 고령자에게는 크나큰 부담이 된다. 매일 반복되는 사적인 중요한 생활 습관들은 이전에 해왔던 방식에서 크게 벗어나지 않도록 배려가 필요하다. 바뀐 생활 습관에 적응해야 하는 고령자는 커다란 스트레스를 느낀다. 지금까지의 습관을 가급적 바꾸지 않는 것이 중요하다.

원칙 3. 인간관계를 바꾸지 않는다

어느 요양시설에서 직원들의 배치를 전면적으로 교체한 후 입소 노인들이 잇따라 문제행동을 일으켜 시설 관계자가 곤욕을 치른 적이 있었다고 한다. 친근했던 얼굴들이 안 보이자 치매 환자들의 불안 증세가 심해진 것이다.

고령자들은 보통 요양시설에 입소하기 전 가족과 함께 여러 차례 시설을 방문한다. 이때 시설에서는 입소자의 의사를 확인하거나 생활 습관 등 정보를 수집한다. 이런 입소 예비 과정에서 간병인들과 친해지면 입소 후에 새로운 인간관계로의 이행이 보다 자연스럽게 이루어질 수 있다.

입소 후 가족 면회는 무엇보다 중요하다. 특히 입소 직후의 가족 면회는 필수적이다. 요양시설에 따라 입소 노인들이 새로운 환경에 빨리 익숙해지도록 해야 한다면서 일정 기간 가족과의 면회를 금지하는 곳이 있는데, 이는 매우 잘못된 방식이다. 시설에 입소하면서 가족과 공간적으로는 거리가 멀어지더라도 인간관계는 계속 유지된다는 것을 실감하게 해주는 게 바로 가족 면회이다.

원칙 4. 간병은 기본에 충실한다

간병의 기본은 식사, 배설, 입욕, 세 가지이다. 이 기본을 충실히 해

내는 것이 환자들의 문제행동을 예방하는 최고의 비결이다.

먼저 식사. 치매 환자일수록 맛있는 음식에 대한 갈망이 크다. 치매

환자들은 무엇을 먹어도 비슷할 것이라는 생각은 오산이다. 인간은

촉각, 미각, 후각, 청각, 시각 등 오감을 갖고 있다. 다른 감각들이 다

무뎌져도 최후까지 살아 있는 것이 바로 미각과 촉각이다. 치매 환

자들은 자신이 좋아하는 음식을 먹을 때 마음이 편안해지고 안정감

을 유지한다.

다음은 배설. 치매에 걸려도 소변이 마렵거나 변의를 느끼는 감각은

예전 그대로이다. 그런데 왜 배설에 실패할까? 감각의 식별이 잘 안

되기 때문이다. 뇌에 감각이 전달되기는 하지만, 그것이 요의尿意인

지 변의便意인지 잘 알아차리지 못한다. 또 갑자기 대소변이 마려울

때 어떻게 해야 할지 상황 판단이 안 되거나 화장실을 찾지 못하는

경우가 있다. 그래서 더 절박해지고 불안해하다 배설에 실패하고 만

다. 한 번 실패를 경험하고 나면 불안감은 배가되고, 결국 악순환에

빠지게 된다.

따라서 환자별로 배설의 실패 이유를 분석해 주위에서 배뇨나 배변

의 신호를 알아차리고 화장실로 바로 유도하는 것이 중요하다.

귀찮더라도 반드시 화장실에 가서 일을 보도록 하는 것이 배설 케어의 기본이다. 처음부터 성인용 기저귀 등으로 쉽게 해결하려고 하면 결국 기본적인 배설 능력을 포기하게 만드는 결과를 초래한다는 것을 명심해야 한다.

배설 케어에도 지켜야 할 법칙이 몇 가지 있다.

첫째, 배설 최우선의 원칙이다. 환자가 화장실에 가고 싶다고 하거나 징후가 느껴지면 가령 식사 중이라 하더라도 꼭 화장실로 유도해야 한다.

둘째, 아침 식사 후 규칙적으로 화장실을 다녀오는 것부터 일과를 시작하도록 하는 것이 효과적이다. 조식 후 배변 욕구가 가장 활발할 때 화장실로 안내해보자.

앞에서도 말했듯이 꼭 화장실에 가서 배설하는 습관을 들이도록 챙겨주는 것이 중요하다.

원칙 5. 개성적인 공간을 제공한다

요양시설 중에는 '관리가 쉽지 않아서', '보안에 문제가 있어서'와 같은 이유로 입거 노인들의 개인 물건 반입을 금지하거나 제한하는 곳이 있다. 개인 물건 하나 없이 모두 똑같은 위치에 똑같은 모양의 가구가 놓인 방에 살면 치매 환자들은 절대 안정을 취할 수가 없다.

개인 물품은 가능한 한 많을수록 좋다. 사진이나 기념품 등 각자 소중히 여기는 것들을 개인 공간에 둘 수 있도록 해야 한다. 추억의 물건은 물론 평소에 사용하던 일상 용품도 가급적 많이 지참해서 곁에 두는 것이 좋다.

그렇게 함으로서 치매 노인은 머물고 있는 요양시설이 자신의 공간이라 느끼게 되고, 안정감을 갖는다. 다른 사람의 침대와 헷갈리는 일도 줄어든다. 추억이 담겨 있는 물건이 치매 환자에게 가장 효과적인 간병 용품이라는 것을 잊지 말자.

원칙 6. 할 수 있는 역할을 준다

치매 환자들 중에 스스로 역할을 찾아 해내면서 점차 문제행동이 없어지고 안정을 되찾는 사례를 많이 볼 수 있다. 역할 부여는 치매 증상의 악화를 막는 매우 중요한 치료법이다. 자신에게 할 일이 있고 누군가에게 도움을 주고 있다고 느끼면 표정이 밝아지고 치매 증상도 개선된다.

다만 어떤 역할이나 다 좋은 것은 아니다. 그 역할을 통해 일상생활을 즐겁게 할 수 있고 인간관계가 만들어지는 것이 중요하다. 이를 위해서는 세 가지 조건이 따라야 한다.

첫째, 예전에 했던 익숙한 일을 하는 것이 좋다. 남자라면 직업으로 삼았던 일, 전업주부였던 여성이라면 가사나 육아가 좋다. 오랫동안

해왔던 취미 활동을 하는 것도 괜찮다.

둘째, 현재의 신체 기능이나 정신 능력 안에서 가능한 일을 찾아야 한다. 능력 이상의 일을 요구하거나 부담스러운 역할이 주어지면 오히려 자신감을 잃게 되고 치매 증상이 악화되는 역효과가 생길 수 있다.

셋째, 역할을 수행하면서 주위로부터 인정을 받는 것이 무엇보다 중요하다. 치매 환자가 자신감을 회복할 수 있도록 구체적이고 분명하게 칭찬해주는 것이 좋다.

원칙 7. 각자에게 맞는 인간관계를 만든다

인간관계는 치매 환자의 안정된 생활을 위한 매우 중요한 수단이다. 간병의 대원칙은 이해보다는 공감이다. 치매 환자의 요구를 무리하게 받아들이려고 애쓸 필요는 없다. 무리하는 모습은 치매 환자들도 금방 알아차린다.

치매 환자들은 가족적인 관계를 원한다. 다시 말해, 정서적으로 매우 가까운 관계를 요구한다. 치매 노인에게는 세 종류의 친구가 필요하다.

먼저 공감해주는 친구가 필요하다. 서로의 병에 대해 공감할 수 있도록 치매 환자끼리 인간관계를 만들 것을 추천한다. 사이가 좋은 치매 환자끼리 이야기하는 것을 보면 이야기의 포인트는 잘 맞지 않아도 서로 강렬하게 공감하고 있다고 느낄 때가 많다. 공감할 친구가 있는 것만으로 치매 환자들의 표정이 부드러워지고 안정을 찾는다.

규범을 제시해주는 친구나 동료도 중요하다. 치매 환자들의 욕구는 쓸데없이 배회하거나 마루 구석에서 자고 싶다거나 하는 것이 아니다. 의외로 규범을 잘 지키고 싶어 한다. 제대로 화장실에서 일을 보고 싶고, 자기 침대에서 자고 싶어 한다. 다만 화장실 갈 타이밍을 놓치고 자기 방을 잘 구별하지 못하는 것이 문제다. 그래서 화내지 않고 짜증 내지 않으면서 규범을 제시해주는 친숙한 사람이 필요한 것이다.

마지막으로 긴급한 상황에서 의지할 수 있는 친구가 필요하다. 치매 환자가 절박한 상황에서 기댈 수 있는 사람은 간병인일 경우가 많다. 치매 환자가 안정감을 느끼며 생활하기 위해 동료, 친구로 느낄 수 있는 간병인이 꼭 필요한 이유이다.

간병 문제 해결 위해
팔 걷어붙인 기업들

2009년 4월, 일본은 한 여자 탤런트의 '간병 자살'로 충격에 휩싸였다. 가수 겸 배우로 한때 인기를 누렸던 시미즈 유키코清水由貴子가 부친의 묘지 앞에서 유독가스가 가득 찬 비닐을 뒤집어 쓰고 스스로 목숨을 끊은 것. 그의 옆에서는 80대 노모가 휠체어에서 의식을 잃은 채 발견돼 주변을 더욱 안타깝게 했다. 50세 딸의 자살을 지켜보면서도 어찌할 수 없었던 어머니는 정신을 놓을 수밖에 없었으리라.

시미즈는 자살하기 3년 전 모친의 건강이 악화되자 간병에 전념하기 위해 배우 활동을 중단했다. 짬짬이 하는 아르바이트로 생활을 유지하면서 어머니 곁을 지켰다. 하지만 끝이 보이지 않는 간병이라는 긴 터널, 턱까지 차오르는 생활고는 혼자서 감당하기에 너무 무거운 짐이었다. 간병 전문가들은 그녀의 죽음을 두고 "일을 계속하면서 간병을 했더라면 극단적인 상황까지는 가지 않았을 텐데……"라며 말을 잇지 못했다.

일찍이 2000년에 간병보험제도를 도입함으로써 간병을 개인의 문제에서 사회문제로 전환한 일본의 노인 간병 복지는 세계에서 으뜸가는 수준이다. 그럼에도 간병 때문에 직장을 옮기거나 그만두는 이른바 '간병 이직'은 계속 늘고 있다. 일본에서는 매년 약 15만 명이 부모나 배우자의 간병을 위해 직장을 떠난다고 한다. 일본 전체 이직자의 30퍼센트(2010년 기준)가 넘는 수준이다. 간병 때문에 우울증에 시달리거나 자살이라는 극단적인 선택을 하는 이들이 연간 300명을 넘을 정도다.

이 때문에 일본은 2010년 6월, 일과 간병의 양립을 지원하는 '육아 · 간병 휴직법'을 개정했다. 간병이 필요한 가족 한 명당 93일 한도로 휴직이 가능하고, 휴직 기간에는 고용보험에서 40퍼센트의 임금을 보전해준다. 장기 휴직이 필요하지 않은 경우에는 간병 가족 한 사람에 한해 연간 5일의 휴가를 쓸 수 있도록 했다. 또한 단시간 근무제, 플렉서블 타임제 등을 도입해 간병과 일을 병행할 수 있도록 제도적으로 배려했다.

하지만 간병 휴직제는 '그림의 떡'인 수준이다. 인사에 영향을 줄까 봐 간병 중이라는 사실을 '커밍아웃'하지 않거나, 상사 눈치가 보여 쉽게 휴직계를 내지 못하는 직장인이 많은 것이 현실이다. 이 중 많은 이들이 결국 간병과 일의 양립을 포기하고 직장을 떠난다.

사태가 이러하자 간병과 일을 함께할 수 있는 환경을 만들기 위해 기업들이 움직이기 시작했다. 이른바 '워크 · 라이프 밸런스work life balance'가 기업들 사이에서 새로운 키워드로 떠오르고 있다. 저출산 · 고령화로 인재 확보가 갈수록 어려워지는 상황에서 직원들에게 가정과 일을 함께할 수 있는 환경을 제공하는 것을 경영 전략의 하나로 인식하기에 이른 것이다. 일본 근로자의 연령대를 보면, 50세 이상이 전체 근로자의 34퍼센트(2010년 기준)를 차지했다. 이는 일본 근로자 세 명 중 한 명이 사실상 간병 부담에 직면한 것과 다름없다는 이야기다. 결국 기업들도 직원들의 간병 부담을 공유하고 고민하기 시작했다.

일과 간병의 양립을 지원하는 데 가장 적극적인 기업으로 유니시스와 다카시마야高島屋 백화점이 꼽힌다.

IT 관련 솔루션을 제공하는 유니시스는 2006년부터 CSR(기업의 사회적 책임) 추진 부서에 '워크 · 라이프 밸런스' 그룹을 설치해 간병으로 고민하는 직원들을 지원하고 있다. 유니시스는 가족 간병이 필요할 경우 하루 2시간까지 단축 근무할 수 있도록 하고 있다. 또 피 간병 가족 1인당 연간 12일의 간병 휴가를 낼 수 있는데, 이는 법에서 정한 5일보다 두 배 이상 길다. 휴가가 적용되는 간병 가족의 범위도 배우자나 부모뿐 아니라 자녀, 조부모, 형제자매, 손주, 배우자의 부모, 3촌 이내 친척까지 매우 넓다.

유니시스는 2008년부터 지원제도를 더욱 발전시켰다. 간병과 육아를 위한 재택근무제를 도입한 것. 시행 초기 30명이었던 재택근무자는 70명까지 늘었다. 이외에도 사내에 '워크 · 라이프 밸런스 포털 사이트'를 개설해 간병 관련 정보를 제공하는 것은 물론 사원들의 간병 체험을 게재해 고민을 공유하고 있다.

일본의 유명 백화점인 다카시마야는 간병 직원을 위해 네 가지 근무 패턴을 시행해 주목받고 있다. 예를 들어, '간병 근무 A 제도'가 1일 5시간 근무하는 대신 월급은 70퍼센트만 받는 반면, '간병 근무 C제도'는 하루 6시간 30분으로 단축 근무하는 대신 휴일에 부족한 근무 시간을 채우는 방식이다. '간병 근무 D제도'는 하루 근무 시간은 일반 근무와 같지만 정해진 휴가 이외에 주 1회까지 간병 휴가를 추가로 취득할 수 있는 근무 방식이다. 월급은 휴가 일수에 맞춰 줄어든다. 이처럼 다양한 근무 형태를 통해 일과 간병을 함께할 수 있는 환경을 조성하고 있다.

두 기업뿐 아니라 일본의 많은 회사가 간병으로 고생하는 직원들에게 도움의 손길을 내밀고 있다. 화학업체인 아사히 카세이旭化成는 2010년 4월부터 간병 지원 근무제도를 시행하고 있다. 플렉서블 타임제 중에서 모든 직원이 함께 근무해야 하는 의무 근무 시간을 5시간에서 2시간으로 줄여 더욱 탄력적으로 근무할 수 있도록 했다. 도요타 자동차도 간병 직원들에 한해 부분적인 재택근무나, 의무 근무 시간대가 없는 플렉서블 타임제를 적용하고 있다.

NTT도코모, 소니 등 대기업은 임직원들을 대상으로 간병에 대한 인식을 확산시키기 위해 사내 세미나를 개최하거나 회사 사이트에 간병과 육아 정보를 게재하고 있다. 미쓰이스미토모三井住友 은행 등은 회사에 상담 창구를 개설하거나, 외부 간병 전문 컨설팅회사에 위탁해 직원들이 24시간 간병 서비스를 받을 수 있도록 했다.

　일본에는 일과 가정의 조화를 위해 노력하는 기업에 조성금을 지원하는 제도가 마련돼 시행되고 있다. 재단 법인 '21세기 직업재단'의 '육아 및 간병 고용안정 조성금'이 대표적이다. 조성금 항목에는 간병 휴직 중인 직원들의 능력 지원 코스와 육아·간병 비용을 보조해주는 코스가 있다.

　'휴직 직원의 능력 지원'은 기업이 육아 또는 간병으로 휴직한 직원들에게 직장 복귀 프로그램을 시행할 경우, 중소기업에는 휴직 직원 1인당 21만 엔, 대기업에는 16만 엔 내에서 조성금이 지원된다. '직장 복귀 프로그램'이란, 간병 때문에 휴직한 직장인들의 공백기를 최소화함으로써 그들이 좀 더 수월하게 직장에 복귀할 수 있도록 도와주는 제도다. 또 기업이 직원들의 육아나 간병 서비스 이용료를 보조해주면 중소기업에는 보조금의 절반을, 대기업에는 3분의 1을 지원해준다.

부족한 간병 인력,
외국인 인력을 적극 활용하라

노인 대국 일본에서는 요즘 일손이 부족해 고민이 많다고 한다. 여기서 말하는 일손은 노인 간병 인력을 말한다. 간병을 필요로 하는 노인은 늘어만 가는데, 이들을 돌봐줄 사람이 턱없이 부족한 상황이다. 특히 젊은 간병 인력은 공급이 많지 않아 '귀한 몸'으로 대접받을 정도다.

상황이 이렇다 보니 간병 인력 부족 해결책으로 적극 모색하고 있는 것이 외국인 간병 인력 확대이다. 외국에서 간병 인력을 유치하기 위해 정부까지 나서서 다양한 지원 정책을 펼치고 있다. 실제 동남아시아에서 일본으로 유학 온 학생들 가운데 적지 않은 이들이 전문 간병인으로서 적극 활동하고 있다.

일본 후생노동성은 단카이 세대가 75세가 되는 2025년에는 250만 명의 간병 인력이 필요하다고 내다보고 있다. 현재 간병인의 수는 180만 명 정도인데, 2025년 실제 간병 인력을 추산해보니 220만 명, 무려 30만 명이 부족하다는 이야기다. 간병 인력 부족 사태는 당장 주변에서 많은 문제를 낳고 있다.

최근 도쿄 내 신축 고급 고령자 홈에는 빈방이 많다. 입주를 희망하는 노인이 없어서가 아니다. 이들을 케어할 직원이 부족하기 때문이다. 일부 요양시설에서는 간병 인력이 부족해 입거 노인의 복용 약을 잘못 처방하거나, 업무 과다로 인한 스트레스 때문에 간병인이 노인을 학대하는 사건까지 발생해 충격을 주고 있는 실정이다.

간병 인력 부족 사태는 당사자인 고령자뿐만 아니라 가족에게까지 큰 고통을 안겨준다. 몇 년 전까지만 해도 요양시설들이 3~4일간의 단기 입주 프로그램을 운영해 간병 때문에 힘들어하는 가족들에게 '꿀맛 같은' 재충전의 기회를 주었지만, 지금은 이마저도 인력 부족으로 점점 사라지고 있는 형국이다.

이렇게 일본에 간병 인력이 부족한 이유는 초고령화로 인해 간병이 필요한 노인들이 늘고 있는 반면, 간병 인력의 낮은 처우 때문에 신규 공급이 안 되고 있기 때문이다. 쉽게 말해, 간병인 공급 미달 사태가 발생한 것이다.

일본의 간병인 평균 월급은 약 20만 엔 정도다. 일반 직업의 평균 월급보다 10만 엔이나 적다. 더구나 배설 보조 등과 같은 간병 업무는 체력적으로나 정신적으로 많은 인내를 요구하는 것이어서 사실 열악한 환경에서 근무하고 있다고 해야 맞다.

이러한 간병 인력 부족 사태는 고령화가 가속화되는 일본에서 당장 '사회 생존'의 문제로 심각하게 받아들여지고 있다. 그 해법으로 요즘 자주 등장하는 것이 외국인 노동자, 외국인 간병 인력의 적극적인 유치이다.

일본에서는 사실 2008년부터 인도네시아와 필리핀을 시작으로 외국인 간병 인력을 '인턴 방식'으로 받아들이고 있다. 병원이나 노인 요양·복지시설에서 3년간 일하면서 사회복지사 국가시험에 합격하면 이후 체류 기간에 제한받지 않고 일본에서 근무할 수 있다. 2014년부터는 베트남과 국가 협약을 체결해 현재 이런 방식으로 2,000여 명의 외국인 간병 인력이 현장에서 일하고 있다.

요즘은 예전처럼 국가자격증을 따면 본국으로 돌아가지 않고 일본에 남아 고령자 복지 관련 일을 하는 외국인이 늘고 있다고 한다. 유학생 신분으로 일본에 와서 학교를 졸업하고 복지업계에 취업한 외국인도 많아지는 추세다.

지금까지는 일본이 외국인 간병 인력에 대해 언어 문제뿐 아니라 안전 문제 등을 이유로 폐쇄적이었던 것도 사실이다. 하지만 인력 부족이 심각해진 탓도 있고, 동남아 등에서 우수한 외국인 간병 인력이 양성되고 있어 외국인 간병 인력을 '수입'해야 한다는 데 의견이 모이고 있다. 현장 관계자들도 "일본어가 완벽하지는 않지만 입거 환자와 신뢰 관계를 쌓은 외국인에게 맡길 수 있는 업무는 매우 많이 있다"고 말한다.

한국의 고령화 속도는 세계 최고 기록을 갈아치울 기세이고, 중국도 2020년에는 무려 1억 4,000만 명이 고령자가 된다. 빠르게 늘어가는 이 한·중·일 3국이 앞으로 동남아의 젊은 간병 인력을 놓고 쟁탈전을 벌일 가능성도 배제할 수 없다. 아니, 우수

한 간호 인력은 이미 쟁탈전이 시작됐다고 할 수 있다. 전문가들은 그들이 일하고 싶은 환경을 만드는 게 우선돼야 한다고 강조한다.

죽고 싶은 장소는 내 집,
'재택 임종' 도와드려요

사람들은 인생의 마지막을 어디서 보내고 싶어 할까?

의료 전문 인터넷 매체 '청년의사'가 한국의 40세 이상 남녀 500명에게 '생의 마지막을 맞이하고 싶은 장소'를 물었더니 응답자의 46퍼센트가 '집'이라고 답했다(2011년 기준). 하지만 현실은 사람들의 희망과 거리가 멀다. 전체 사망자의 60퍼센트가 병원에서 숨을 거둔 것으로 나타난 것이다(국립암센터 조사).

우리나라보다 더 늙은 일본은 어떨까? 일본 사람들도 열 명 중 일곱 명이 임종 장소로 자택을 희망하고 있지만, 열 명 중 여덟 명은 병원이나 요양원에서 삶을 마감했다(2011년 일본 후생노동성). 특히 병원은 고사하고 죽은 지 며칠, 몇 달씩 지나 발견되는 고립사孤立死도 연간 3만 건이 넘는 것으로 밝혀져 충격을 던졌다.

'임종 난민'이 매년 3만 명에 이르는 상황이 발생하자 시민단체가 나섰다. '품위 있는 죽음'을 위한 임종 지원 활동을 펼치기 위해서다. NPO 법인 '재택 임종 지원'은 일반 가정집을 빌려 간병 의료와 숙박을 동시에 제공하고 있다. 빈집을 대여해 비용을 줄이는 경우도 있고, 지역에서 공공주택을 저렴하게 대여해주기도 한다.

일반 가정집을 택한 것은 대규모 인원을 수용하는 노인 장기요양시설과는 달리 노인들이 살았던 생활 터전과 비슷한 환경을 제공하기 위해서다. 거주자 수가 주택당 5~6명에 그치는 이유도 일반 가정집의 가족 수를 감안한 것이다. '진짜 자신이 살던 곳'은 아니지만 '또 다른 나의 집'으로 느낄 수 있게 하겠다는 것이다.

입주자들은 주로 말기 암 환자나 연명치료를 거부한 고령의 노인들이다. 한 집에 5~6명 정도가 거주하는데, 이는 일대일 밀접 간병을 위해서다. 이곳에서는 재택 간병과 마찬가지로 입주자들이 방문 의료 또는 간호 서비스를 받는데, 간병인이 24시간 상주하고 의료기관과 밀접한 의료 지원 체제도 갖추고 있다. 비용은 보통 개호介護보험(장기요양보험)을 적용하더라도 식사비와 간병비 등을 포함해 월 12~17만 엔 수준이다.

도쿄 도 다이토를 중심으로 활동하는 '고향의 모임'은 본래 숙박시설을 운영하면서 생활 빈곤자를 지원하는 NPO 단체다. '고향의 모임'이 재택 임종을 시작하게 된 계기는 2012년 한 말기 암 환자가 모든 병원 치료를 거부하고 의지할 곳이 없어 이곳에 동거를 요청하면서부터다.

이후 단체 이사회는 지역 내 가정집을 개조해 임종 주택으로 출범시켰으며, 생애 말기를 보내려는 노인들에게 무료 또는 저렴한 가격에 숙박시설을 제공하고 있다. 생애 마지막을 보내려는 고령자들에게 중요한 것은 간병과 의료다. '고향의 모임'은 인근의 의료기관과 제휴해 24시간 간병 체제를 확립했다.

이곳에서는 입거자끼리 서로 맛있는 커피를 제공하거나 요리를 만들어 줄 뿐만 아니라 치료를 위해 입원한 동료의 병문안을 함께 가기도 한다. 동료들이 서로에게 '또 하나의 가족' 역할을 하는 셈이다. '고향의 모임'에서는 지금까지 총 다섯 명이 동료들과 의료진이 임종하는 가운데 품위 있고 평화롭게 생애를 마쳤다고 한다.

NPO 법인 '홈 호스피스 미야자키'는 2004년부터 재택 임종 지원 서비스인 '엄마의 집'을 운영하고 있다. '엄마의 집'도 미야자키 시에 소재한 비어 있는 두 채의 민가를 활용했다. 이곳에서도 한 집에 5~6명의 노인이 생활하고 있다. 대부분 생활이 어렵고 고령에다 혼자 살며 치매 등 질병을 앓는 이른바 '4중고'를 겪고 있는 고령자들이다.

재택 임종 지원 활동에는 젊은이들은 물론이고 베이비부머 세대 등 은퇴한 우수 인력도 자원봉사자로 적극 나서고 있다.

이 밖에 NPO 법인 '앳 홈 호스피스'는 '홈 호스피스' 활동을 하면서 수집한 체험 사례를 모아 그림책이나 책자로 만들어 보급하는 활동을 하고 있으며, NPO 법인 '아이보愛逢'는 다양한 임종의 경험을 살려 노후 생활과 죽음을 생각하는 주민 강좌를 개최하고 있다. 강좌는 죽음을 터부시하지 말고 어디서 죽을 것인지, 최후를 어떻게 맞이할 것인지에 대해 주체적으로 생각하도록 하는 내용이 중심이다.

이 같은 시민단체 활동 역시 젊은 자원봉사자들과 은퇴한 단카이 세대 등 우수 인력의 협력이 계속돼 인적 자원 활용, 비용 측면에서도 효과적이라 평가받고 있다.

'재택 임종' 서비스는 품위 있는 임종 이외에 고령 거주자들이 건강을 되찾는 등의 부가적인 효과를 보고 있는 것으로 나타났다. 고베 지역 '히나타의 집'에서는 뇌졸중 후유증으로 여명 1개월 선고를 받은 90대 남성이 들어온 지 한 달 만에 휠체어로 산책할 수 있을 정도로 회복했다는 사례가 보고되면서 개인별 맞춤형 의료와 집중적인 간병 서비스가 환자의 생명력을 끌어올린 성공 사례로 화제가 되기도 했다.

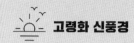 **고령화 신풍경**

장수 국가 일본에서 배우는 '간병의 사회화'

1972년, 일본은 한 소설의 출간으로 크게 술렁였다. 아리요시 사와 코有吉佐和子가 쓴 『황홀한 사람恍惚の人』. 이 소설은 한 평범한 회사원의 아내가 치매에 걸린 시아버지를 수발하면서 겪는 일상 이야기를 통해 노인 간병의 사회적 심각성을 알렸다. 이 책은 수많은 독자의 공감을 이끌어내면서 200만 부가 넘게 팔려 나갔다. 책을 출간한 신초샤新潮社는 덕분에 본사를 신축했고, 그 빌딩에는 '황홀 빌딩'이라는 별칭이 붙었다. 국내에서는 『꿈꾸는 사람』으로 번역됐다.

치매라는 비참한 상황을 '황홀'이라는 역설로 풀어낸 이 작품은 당시 비슷한 처지에 있던 사람들의 마음을 움직였고, 가정 내 문제로 치부됐던 간병을 사회적 이슈로 이끌어냈다.

이 책을 계기로 일본에서는 노인 복지에 대한 관심이 높아졌고, 간병의 사회적 책임을 둘러싼 논의도 본격화한다. 이후 일본은 다양한 법 개정과 논의를 거쳐 2000년에는 간병보험제도인 '개호보험'을 도입하기에 이른다. '간병의 사회화'가 실현된 셈이다. 우리나라가 2008년 도입한 '노인 장기요양보험'은 일본의 개호보험을 많이 참조했다.

65세 이상 고령 인구가 3,400만 명이 넘는 장수 국가 일본. 많은 노인 복지를 실천하고 있지만, 간병 문제는 여전히 골치 아픈 사회문제다. 부모나 배우자의 간병을 위해 직장을 떠나는 간병 이직이 한 해 15만 건에 달하고, 간병 자살자도 연간 300명을 넘는다고 한다.

이 때문에 일본 정부와 기업들은 간병과 일이 양립할 수 있는 환경을 만들기 위해 노력을 기울이고 있다. 2010년 '육아 · 간병 휴직법'이 개정돼 간병이 필요한 가족 한 명당 93일을 휴직할 수 있고, 휴직 기간에는 고용보험에서 40퍼센트의 임금을 보전해준다.

기업들은 직원들의 간병을 적극 지원함으로써 인재의 이탈을 막고 있다. 간병 지원을 경영 전략으로 인식하기 시작한 것이다. IT 전문 기업 유니시스는 간병 재택근무제를 도입했고, 다카시마야 백화점은 간병 직원을 위해 네 가지의 유연한 근무 패턴을 시행해 주목받고 있다. 전문 컨설팅회사에 위탁해 직원들이 24시간 간병 서비스를 받을 수 있도록 하거나, '직장 복귀 프로그램'을 도입해 가족 간병으로 휴직한 직원들의 공백기를 최소화해주는 기업들도 있다.

몇 년 전 유명 가수의 부친과 조부가 간병 때문에 동반 자살해 충격을 줬다. 한국도 간병의 사회화를 본격적으로 고민할 시기가 된 것이다. 간병은 예고 없이 찾아와 언제 떠날지 모르는 무서운 존재다.

간병의 희망, IT 신기술

시골 노모 지켜주는
가전제품

　시골에 홀로 사시는 노모 걱정에 늘 휴대폰을 만지작거리는 당신이라면 일본에서 인기를 끌고 있는 '고령자 지킴이 서비스'에 관심을 가져볼 만하다. 세계에서 가장 고령화된 나라 일본에서는 이미 홀로 사시는 부모의 안부를 확인하는 서비스를 정부나 지자체 등 공공기관에서 시행하고 있다. 그런데 최근 들어 민간 기업들도 부모 안부 확인을 위한 다양한 서비스를 내놓고 있어 주목을 끌고 있다.

　노부모의 하루 걸음 수를 체크해 이메일로 가족에게 알려주는 '노부모 만보계 알리미 서비스'가 선보였는가 하면, 경비회사들은 정기적인 전화나 방문을 통해 긴급 상황에 대응하거나 평상시 노부모의 안부를 파악해 가족에게 전해주는 서비스를 제공하고 있다. 노부모의 집을 방문해 청소나 집안 정리를 도와주는 경비회사도 있다.

'시드 플래닝'이라는 시장조사업체의 조사 결과, 고령자 지킴이 긴급 통보 서비스 시장의 규모는 2014년 기준 142억 엔으로, 단카이 세대가 75세가 되는 2025년에는 시장 규모가 227억 엔까지 확대될 것으로 전망됐다.

일본 고령자 지킴이 서비스가 주목을 끄는 것은 아이디어의 기발함 때문이다. 한국 주부들에게게도 널리 알려진 코끼리표 보온병, 코끼리표 밥솥의 조지루시Zojirushi는 노부모 안부를 원격으로 체크할 수 있는 전기 포트i-pot를 내놓았다. 이 회사는 2001년 아픈 자녀를 간병하던 고령의 모친이 사망한 지 1개월이나 지나 발견된 안타까운 사건을 계기로 제품 개발에 나섰다고 한다.

이 제품의 핵심 기술은 전기 포트에 발신기를 내장해 사용 상황을 이메일로 가족에게 발신해주는 '부모 지킴이 핫라인 서비스'다. 지금까지 1만 명이 이용했고, 현재도 약 3,500명이 서비스를 받고 있는 '롱 셀러' 효자 상품이다.

포트 안에 무선통신기가 있어 전원을 켜거나 물을 끓이면 신호가 서버에 보내지고, 자녀들은 매일 관련 데이터를 이메일로 받아보면서 부모님 안부를 체크한다. 이용자들은 "전화를 걸어

확인해도 집에 안 계시면 오히려 불안이 커지는데, 매일 녹차를 마시는 어머니가 전기 포트를 사용하고 있다는 메시지를 받으면 안심이 된다"며 호평하고 있다. 이용료는 월 3,000엔.

하지만 노인들이 전기 포트의 전원을 끄는 것을 깜빡 잊어 버리면 계속 사용하고 있는 것으로 정보가 잘못 전달될지 모른다고 걱정하는 사람이 있을지도 모르겠다. 이런 사람을 위해 '가정용 에너지 관리 시스템Home Energy Management System, HEMS'을 활용한 서비스가 나와 있다. HEMS는 전기·가스·수도 사용량을 실시간으로 확인하여 에너지 과다 사용량을 경고하고 에너지 절감을 유도하는 관리 시스템으로, 조명, 가전기기나 급탕기기를 IT 기술로 네트워크화해 자동으로 제어한다.

일본의 한 전력회사는 2014년 4월부터 HEMS로 계측한 전력이나 수도 데이터를 기초로 일정 시간 이용이 없을 때 가입자(자녀)에게 현장 상황을 이메일로 알려주는 서비스를 하고 있다. '열두 시간 이상 수도 사용 정보가 없습니다'라고 알려주는 식이다. 전력 사용량을 기초로 각 노인 가구의 생활 리듬을 파악해 거주자가 주체적으로 전기기기를 적절히 사용하고 있는지를 추정한다.

"전기제품의 경우 스위치를 계속 켜두면 부모의 생활 변화를 감지하지 못할 수도 있다. 하지만 수도라면 화장실 등의 물 사용 여부를 금방 알 수 있다"고 담당자는 설명했다. 이용 요금은 월 3,600엔.

이 회사는 이 서비스를 개인용에 그치지 않고 고령자 지원 단체, 기관이 다수 가구를 동시에 점검하는 서비스로 확대해나갈 생각이라고 한다.

근래에 들어 스마트폰 등 모바일 기기의 발전과 IoTInternet of Things(사물인터넷. 인터넷을 기반으로 모든 사물을 연결하여 사람과 사물, 사물과 사물 간의 정보를 상호 소통하는 지능형 기술 및 서비스를 말한다)와 같은 첨단 IT 기술의 등장으로 '고령자 지킴이 서비스'는 진화를 거듭하고 있다.

최근 커피 전문 업체인 네슬레 재팬이 IoT 기능이 내장된 '바리스타i'라는 커피머신을 내놓았는데, 이 '바리스타i'에는 IoT 기능이 내장되어 있어 스마트폰으로 해당 애플리케이션을 내려받고 머신 사용자끼리 친구 등록을 하면 상대방의 머신 이용 내역을 알 수 있다. 또 SNS처럼 커뮤니케이션도 가능하다. 상대방이 어떤 기분에 어떤 커피를 마시고 있는지 스마트폰으로 확인할 수 있다. 멀리 떨어져 사는 부모가 이 커피머신을 사용하면 생생하게 안부를 확인할 수 있다고 이 회사는 말한다.

감정로봇,
노인의 친구가 되다

"저를 따라 하세요. 하나! 두울! 세엣! 네엣!"

일본 가나가와 현 나카이초라는 마을의 한 노인 복지시설. 매일 이른 아침, 이곳 강당에는 30여 명의 남녀 노인이 모여 맨손 체조를 한다. 고령인 탓에 쉬이 몸을 움직일 수는 없지만, 힘찬 구령과 율동에 맞춰 팔다리를 흔들다 보면 주름진 얼굴에 어느새 송골송골 땀방울이 맺힌다.

이 나카이초 복지시설이 요즘 일본에서 화제다. 이유는 노인들의 아침 체조를 담당하는 이가 사람이 아닌 로봇이기 때문이다.

주인공 이름은 '팔로Palro'. 팔로는 후지 소프트가 개발한 신장 40센티미터의 휴머노이드 로봇이다. 2014년 3월부터 팔로 세 대가 이곳에서 일하기 시작했다. 시설 관계자는 "처음에는 노인들이 로봇에 거부감을 느꼈지만, 이제는 친숙해져 사람이 리드하는 것보다 더 잘 따라 한다"고 말한다.

팔로는 내장된 카메라로 얼굴을 인식할 수 있어 노인들 이름을 불러주기도 한다. "이름을 불러주면 기계(로봇)에 대한 심리적인 거리감이 금세 사라진다"는 게 시설 관계자들의 이야기다.

요즘 일본에서는 고령자 간병에 로봇이 커다란 역할을 하고 있다. 인구 네 명 중 한 명이 65세 이상인 노인 대국 일본. 노부부

일본 가나가와 현의 한 노인 복지시설에서 로봇 '팔로'의 구령에 따라 30여 명의 남녀 노인이 모여 맨손체조를 하고 있다. • 출처: 『닛케이 비즈니스』

만 사는 가구와 독거노인이 크게 늘면서 이제 가족에게만 간병을 일임하기는 어려운 게 현실이다. 그런 와중에 인간형 로봇들이 그 가족의 빈자리를 훌륭히 메우면서 활약을 넓혀가고 있다. 일본의 유명 경제 주간지 『닛케이 비즈니스日経ビジネス』는 "뇌기능을 갖춘 인간형 로봇이 간병인 역할을 하면서 노인들의 건강수명을 늘려주고 있다"고 전했다.

팔로와 함께 간병 로봇으로 주목받는 인기 로봇이 또 있다. 요즘 TV에 자주 등장하는, 소프트뱅크가 개발한 인공지능AI 로봇 '페퍼Pepper'다.

"49와 35, 어느 쪽이 큰 수일까요?"

페퍼가 가슴에 부착된 화면에 숫자를 보여주며 한 고령자에게 문제를 낸다. 페퍼 몸 스크린의 49를 터치하면 "정답!" 하고 페퍼가 외친다. 인공지능을 탑재한 페퍼는 이처럼 퀴즈를 내면서 노인들 뇌 트레이닝을 지원한다.

또 페퍼는 사람의 표정을 파악해 감정을 읽는 기능이 있어 노인들이 주변 사람과 대화하듯 페퍼와 자연스러운 대화를 나눌 수 있다. 노인들은 귀가 어두워지면서 가급적 남과의 대화를 꺼리게 되는데, 로봇은 몇 번이고 되물어도 전혀 싫은 내색을 하지 않으니 이렇게 마음 편한 대화 상대가 또 없을 것 같다. 많이 알려진 바와 같이 뇌 활성화와 많은 대화는 고령자 치매 예방에 매우 효과적이다.

간병인 페퍼는 뇌 트레이닝 이외에도 감정 인식 기능을 활용해 매일 노인의 희로애락 변화를 데이터로 기록한다. 고령자들 개개인의 표정, 목소리 등을 기록해 병의 진행 상황이나 회복 상황까지도 파악할 수 있다고 하니, 개인 주치의 역할까지 톡톡히 해내고 있는 셈이다.

NTT데이터는 혼자 사는 고령자를 위한 로봇을 선보였는데, 이 로봇은 노인이 아침에 기상하면 말을 걸어주고 대화도 한다. 내장 카메라를 활용해 노인의 얼굴색을 살펴 건강 상태를 파악하고, 상태가 좋지 않다고 판단되면 복약이나 통원 치료를 당부하는 기능까지 있다.

매일 걷는 것은 고령자 건강에 필수다. 하지만 다리가 불편하면 외출을 꺼리게 되고, 그러다 보면 운동량이 부족해 건강 악화로 이어진다. 이런 점에 착안해 외출 시 보행을 지원하는 로봇도 등장했다. 이른바 '보행 어시스트 카트'.

이 카트는 오르막길이나 계단에서 모터가 작동해 노인을 이끌어주고, 내리막길에서는 자동으로 브레이크가 작동한다. 타이어의 회전 속도를 자동으로 계산해 이용자에게 최적의 힘을 부여한다.

간병 로봇에 대한 수요가 늘면서 관련 시장도 급속히 확대되고 있다. 일본의 경제산업성 조사에 따르면, 2012년 1조 엔이던 시장 규모가 2035년에는 10조 엔으로 열 배 가까이 늘어날 전망이다.

간병이 필요한 고령자가 계속 늘어가는 가운데 간병 일손 부족 현상도 점점 심해지고 있어 앞으로 10년 뒤에는 대략 38만 명의 인력이 부족할 것이라고 한다. 간병 로봇이 그 빈자리를 대체하는 모습이 전혀 어색하지 않은 날도 멀지 않은 듯싶다.

노인 요양과
AI의 접목

스스로 학습하는 컴퓨터, AI가 우리 인간의 생활에 큰 변화를 몰고 올 것으로 예상되는 가운데, 고령화사회의 핵심 과제인 간병 복지 분야에서도 그 활약이 기대되고 있다. 간병 인력 부족으로 고민하는 노인 대국 일본에서는 벌써부터 AI를 활용해 간병 현장의 업무 효율을 높이려는 다양한 시도가 이어지고 있는데, 그중에서도 주목을 끄는 것이 노인 요양시설과 AI의 접목이다.

먼저 파나소닉의 'AI 낙상 방지 시스템'. 전자업체 파나소닉은 2016년 간병 관련 자회사를 통합해 '파나소닉 에이지프리 Panasonic agefree'라는 법인을 출범시켰는데, 최근 이 회사에서 AI를 활용한 낙상 방지 시스템을 개발한다고 발표해 주목을 끌었다. 2019년 상용화가 목표다.

낙상은 요양시설에서 발생하는 사고 가운데 가장 빈번한 것으로, 노인들에게는 치명상이 될 수 있다. 뿐만 아니라 낙상 사고의 책임을 요양시설이나 간병 직원에게 지우는 경우가 적지 않다고 한다. 낙상의 원인을 간병 부주의로 간주하기 때문이다. 그래서 만성적인 인력 부족에 시달리는 요양시설로서는 낙상 사고를 미연에 방지하는 것이 필수 과제 중 하나다.

AI는 낙상 방지에 어떻게 활용될까? 먼저 각 방에 설치된 카메라가 노인들의 움직임을 24시간 체크한다. 카메라가 찍은 영상은 AI로 전송되고, AI는 이 영상 데이터를 분석해 낙상 가능성을 예견해 간병 직원들에게 알려준다.

보통 낙상 사고는 몸이 허약한 고령자가 혼자서 일어서거나 걷다가 발생하는 경우가 많다고 한다. 일어서려는 동작을 미리 간파해 부축해준다면 사고를 막을 수 있다는 것이 AI 낙상 방지 시스템의 발상이다.

구체적으로 AI는 자체 영상 해석 기술을 활용해 노인들의 여러 가지 몸동작을 감지, 패턴을 익히고 분석한다. 그중 낙상의 가능성이 높은 몸동작을 감지했을 때 즉시 간병인에게 통지해준다. "지금 ○○호 실의 A씨가 혼자 일어서려고 하는 것 같은데, 가까이 있는 직원은 부축해주시기 바랍니다" 하는 식이다.

한정된 간병 인력으로 노인들을 일일이 감시할 수는 없는 노릇이다. AI의 분석 능력으로 꼭 필요한 때에 간병인이 나서서 도울 수 있다면 그만큼 간병 업무 효율이 높아질 것이라는 게 파나소닉의 생각이다.

낙상 방지를 위한 'AI 수면 케어'도 눈길을 끈다. 낙상 사고는 수면 상태와도 관련이 깊은데, 수면이 부족할수록 넘어지기 쉽다. 노인들은 특히 더 그렇다고 한다. 노인들의 수면 상태를 개별적으로 파악해 사전에 대응함으로써 수면 부족으로 인한 낙상 사고를 예방하겠다는 것이 AI를 활용한 수면 케어의 목적이다.

이 기술도 파나소닉 에이지프리에서 개발 중인데, 침대 밑에 생체 인식 센서를 설치해 노인들의 심박 수와 호흡 데이터를 읽어 수면 상태를 분석하고, AI는 입거자 개개인의 축적된 데이터를 분석해 수면과 낙상의 관계를 파악한다. 이 데이터를 기반으로 수면이 부족한 노인들에게는 낮잠을 자도록 유도한다. 노인 환자들은 누워 있다고 해도 꼭 자는 것은 아니기 때문에 생체 인식을 통해 수면 상태를 판단할 필요가 있다는 것이 파나소닉의 생각이다.

그 외에 AI를 활용한 환자별 '케어 플랜care plan' 자동 작성 기술도 눈여겨볼 만하다. 케어 플랜이란 환자별 맞춤형 장기요양 스케줄, 다시 말해 장기요양 서비스의 설계도와 같은 것이다. 케어 전문가가 짜는 케어 플랜의 질에 따라 요양 서비스에 대한 만족도가 크게 좌우된다. 케어 플랜은 요양 기간, 등급 등 개인별 특성에 맞춰 작성해야 하기 때문에 많은 시간과 수고가 요구된다. 보통 케어 매니저 한 명이 30~40명을 담당하는데, 케어 플랜을 만드는 데만 매달 40시간 이상 걸리고, 이는 케어 매니저 전체 업무 시간의 20퍼센트나 차지한다고 한다.

간병업체 '센트케어 홀딩스'는 이런 현상에 착안해 AI를 활용, 케어 플랜을 자동으로 작성하는 기술 개발에 나섰다. 기존 요양 서비스를 받은 1,000여 명의 환자의 몸 상태와 이들에게 적용됐던 케어 플랜을 AI에 학습시키면, 이를 학습한 AI가 새로운 환자에게 맞는 최적의 케어 플랜을 짧은 시간에 제시한다는 것.

센트케어 홀딩스는 AI 케어 플랜을 활용하면 플랜 작성 시간을 기존의 절반까지 줄일 수 있고, 케어 매니저에 따라 생길 수 있는 케어 플랜의 질적 차이도 해소할 수 있을 것이라고 말한다.

앞으로 닥쳐올 심각한 간병 인력 부족 문제에 대비해 일본 정부는 간병 인력으로 외국인을 적극 활용하는 등 다양한 방안을 강구하고 있지만, 그것만으로는 문제 해결이 쉽지 않다는 게 전문가들의 판단이다. 이런 상황에서 AI나 IoT 등의 첨단 정보기술IT이 요양·간병 현장에서 잘만 활용된다면 간병 인력난 해소와 서비스 질 향상에 크게 기여할 수 있을 것으로 업계 관계자들은 기대하고 있다.

입으면 저절로 걷게 되는
IT 옷

매해 전 세계 고령자들과 간병 관련 업체의 관심을 한데 불러 모으는 도쿄의 '국제복지기기전시회International Home Care & Rehabilitation Exhibition'. 올해로 44회를 맞이하는 이 전시회는 고령자와 장애인의 일상생활에 도움을 주는 간병·의료 용품의 최신 트렌드를 한눈에 알 수 있는 행사다.

해마다 수많은 신제품과 이색적인 서비스가 소개되는데, 2016년에 열렸던 43회 전시회에서는 노화에 따른 육체적인 쇠약을 첨단 기술로 보완하는 제품이 대거 등장해 눈길을 끌었다. 평균수명이 늘어나면서 젊은 노인, 이른바 '액티브 시니어'가 많아지고, 이들의 '언제까지나 젊게 살고 싶다'는 욕구가 관련 상품의 수요를 키우고 있는 것이다.

관련 제품 중에서 특히 매스컴의 주목을 받았던 것이 바로 '무릎 트레이너'다. 전기 자극을 이용해 무릎 주변의 근력을 강화해주는 트레이닝 기구인데, 파나소닉이 대학 의료팀과 공동으로 개발해 2015년 하반기에 선보인 운동 보조기구다. '산책만 해도 저절로 근육이 강화된다'라는 제품의 캐치프레이즈에서 알 수 있듯이 이 제품을 착용하고 가볍게 걷기만 해도 단기간에 노쇠한 근육에 힘이 붙고 근력이 생긴다는 것이 기술의 포인트다. 우주비행사가 우주선에 장기간 체재하는 동안 근육이 쇠약해지는 것을 막기 위한 보조기구로 실험을 했는데, 그 효과가 입증되면서 제품화했다고 한다. 회사 측에 따르면, 60~70대 고령자가 3개월간(1일 30분, 주 3회) 이 제품을 활용해 걷기 등 운동 코스를 실천하면 근력이 40퍼센트가량 향상되는 것으로 조사됐다.

이 기구의 작동 과정과 구조를 살펴보면 다음과 같다. 무릎 위쪽 허벅지 앞뒤로 전기 패드를 붙이고 걸으면 다리의 움직임을 센서가 인지해 근육에 전기 자극을 준다. 다리를 한 발 앞으로 내딛으면 찌릿찌릿한 미세한 전기 자극과 함께 허벅지 근육을 꽉 죄는 느낌이 다리에 전달된다. 그러면 평상시 걸을 때보다 근육에 부하가 더 걸리고, 결과적으로 근력이 강화되는 구조다. 패드에는 '자이로센서'라는 파나소닉의 센싱 기술이 탑재돼 앞뒤로 움직이는 양 다리의 각도 변화에 맞춰 적절한 타이밍에 전기 자극을 준다. 회사 측은 5년에 걸쳐 사람들의 다양한 걸음걸이 데이터를 축적해 최적의 자극 타이밍을 주는 알고리즘 개발에 성공했다고 말한다.

전기 근육 자극은 기존에 주로 격투기 선수 등 젊은 운동선수들의 트레이닝 효과를 극대화하기 위해 사용돼왔다. 이 기술이 고령자 보행 지원 기술로 진화한 것이다. '무릎 트레이너'는 고령자의 근력 운동에 도움을 줄 뿐만 아니라, 다리가 약한 사람이 사용하면 전기 자극이 근육을 수축시켜 무릎에 부담을 주지 않고 걸을 수 있다는 장점이 있다고 한다.

전시회에서는 근력 저하로 자력 보행이 어려운 고령자나 장애인을 위한 보조기구로, 모터의 힘을 이용해 보행을 도와주는 혼다의 '전동 어시스트'도 인기 상품 중 하나였다. 이 밖에 관련 근육 쇠약으로 배뇨나 배변에 곤란을 겪는 사람을 위한 기구가 사람들의 관심을 끌기도 했는데, 어떤 배뇨 측정 장치는 하복부에 장착된 초음파 장치를 통해 방광의 부푼 정도를 측정해 적절한 배뇨 타임을 알람으로 알려준다. 요실금 때문에 외출을 꺼리는 환자들에게는 귀가 번쩍 뜨이는 이야기가 아닐 수 없다. 또 초음파로 대장의 움직임을 감지, 배변 타이밍을 예측해 스마트폰으로 전송해주는 기구가 소개되기도 했다.

고령화가 가속화하면서 고령자의 육체적 문제를 IT로 보완하는 기술의 발전 또한 속도를 내고 있는 모습이다.

치매 노인 지켜주는 자판기와 목걸이

일본의 한 지방 도시에서 치매 대책과 관련한 흥미로운 실험이 진행되고 있다. IoT를 활용해 거리를 배회하는 치매 노인을 보호하겠다는 것.

IoT 치매 대책 실험이 진행되는 곳은 야마가타 현 사카다 시. 치매 노인 몸에 부착된 수신기의 전파를 거리에 있는 자동판매기나 특정 가게에 설치된 와이파이 장치가 수신해 치매 노인의 위치와 이동 시간 등을 가족의 휴대폰에 자동으로 전송하는 시스템이다. 치매 노인의 수신기, 거리의 자판기, 가족의 휴대폰 등이 인터넷으로 연결되는 것이다.

사카다 시는 시내 중심가 반경 1.5킬로미터 범위를 실험 지구로 설정한 뒤, 사람이 많이 다니는 거리의 자판기와 우체국 등

11개 장소에 와이파이 장치를 설치했다. 치매 노인이 달고 있는 수신기는 500원짜리 동전 크기로, 가벼워 목걸이처럼 걸고 다닐 수 있다. 가격도 1,500엔 정도로 저렴하고, 수신기 전지 한 개로 2년 정도 사용할 수 있다. 통신 요금은 NTT 협력으로 무료다.

물론 기존에도 GPS(위성항법장치)를 이용해 치매 노인 등 고령자를 보호하는 시스템이 있었다. 하지만 단말기 가격이 저렴한 것도 2만 엔을 훌쩍 넘고, 보통 10만 엔 정도 하는 데다 통신요금도 1만 엔이나 들어 이용에 부담이 컸다. 사카다 시의 실험은 이러한 부담을 최소화함으로써 치매 노인 가족 누구나 이용할 수 있도록 한 것이 특징이다.

이 시스템을 개발한 주체가 야마가타 현 쓰루오카 공업고등전문학교(전문대에 해당)라는 점도 화제가 됐다. 이 때문에 지자체, 학교, 기업 등 지역사회가 손잡고 고령자 대책에 나서는 모범적인 사례로 평가받기도 했다.

일본의 치매 노인은 500만 명이 넘는 것으로 추산된다. 일본의 고령화 속도는 세계 1위로, 2035년에는 고령화율이 33.4퍼센트에 이를 전망이다. 인구 세 명 중 한 명은 65세 이상 노인이라는 이야기다. 더구나 2030년에는 일본 전 가구의 70퍼센트 이상이 고령자만 사는 집이 될 것이라는 전망도 나오고 있는 실정이다. 그래서 노인 간병과 같은 고령자 대책은 가족 등 개인의 몫이 아니라 지역사회가 떠안아야 한다는 목소리가 커지고 있다.

2012년부터는 '지역 포괄 케어 시스템'이라는 이름으로 민관이 협력해 관련 대책도 서둘러 마련되고 있다. 도쿄 인근 가와사키 시는 의사회, 주민 대표 등 관계자들이 모여 지역 포괄 케어 시스템을 실현하기 위해 실행위원회를 만들었고, 사이타마 현은 역내 지역들이 추진하는 지역 포괄 케어 시스템을 지원하기 위해 지역 포괄 케어 전담 과를 신설하기도 했다.

초고령사회
일본 에서
길을 찾다

2부

신 고령 인류가
바꾸는
새로운 세상

3

超高齢社會

고령화가 낳은 뉴 트렌드
: 시니어 시프트

超高齢社會

트렌드 속 비즈니스 키워드

'고독사 보험'까지 등장한
노인 대국 일본

'고독사'는 가족이나 지인 등 주변 사람들의 임종 없이 쓸쓸히 혼자 세상을 뜨는 것을 말한다. 일본에서는 사후 15일 이상 경과해 발견되면 '고독사'로, 15일 이내에 발견되면 '고립사'라고 부르기도 한다.

2010년 초 일본 공영방송 NHK의 다큐멘터리 〈무연사회無緣社會〉가 열도를 충격에 빠뜨렸는데, 이 방송에서 매년 3만 2,000명의 노인이 그 누구의 관심도 없이 홀로 죽어가고 있다는 사실이 밝혀졌다.

일본『고령사회백서』에 따르면, 전체 가구의 30퍼센트 정도가 배우자와 단둘이 사는 부부 세대, 26퍼센트는 혼자 사는 독거 세대라고 한다. 혼자 사는 고령자(65세 이상) 남성 비율은 지난 30년간 두 배 이상 늘어났다. 또 65세 이상 인구 1,480명을 대상으로 실시한 설문조사에서 응답자의 44.5퍼센트가 고독사가 자신과 어느 정도 관련이 있다고 걱정하고 있는 것으로 나타났다.

이렇듯 초고령사회 일본에서 이제 고독사는 누구나 체험 가능한 '일상사'가 되어가고 있다. 이런 상황에서 자연스레 등장한 것이 바로 고독사 보험이다. 일본 주요 보험사들은 너 나 할 것 없이 관련 상품을 잇따라 내놓고 있다.

고독사 보험의 수혜자는 고독사하는 불쌍한 노인들이 아니라 독거노인에게 집을 빌려주는 임대업자, 집주인이다. 연고자가 아무도 없는 입주자가 어느 날 갑자기 고독사하면 장례 문제 등의 복잡한 문제를 결국 집주인이 책임지고 떠안아야 하는 상황이 생기기도 하는데, 처리 비용이 결코 만만치 않다. 시신이 썩기라도 하면 집 전체를 수리해야 하고, 임대료 체납도 집주인에게는 상당히 골치 아픈 문제다. 당연히 임대인은 혼자 사는 고령자를 꺼릴 수밖에 없다. 이럴 때 고독사 보험이 해결사 역할을 하게 되는 것이다.

고독사 보험의 보상 범위와 보험료는 어느 정도일까?

도쿄해상일동 화재보험은 2015년 9월부터 주택 소유주를 대상으로 연고 없는 입주자가 사망했을 경우 발생하는 손실 비용을 보상하는 보험 상품 판매를 시작했다. 임대료 수입 감소, 입주자 사망에 따른 장례 비용 등을 보전해주는 상품이다. 1년에 4만 실 계약을 목표로 하고 있으며, 월세 6만 엔에 계약 기간 2년 조건일 경우, 보험료는 1실당 월 200엔 정도라고 한다.

미쓰이스미토모 해상화재보험도 같은 해 10월 임대주택 소유주를 대상으로 임대주택에서 고독사가 있을 경우를 대비해 특약이 붙은 화재보험 판매에 들어갔고, 소액 단기보험사 '하우스가이드'는 사망 시 수리 비용 100만 엔, 유품 정리 비용 50만 엔 등의 한도를 설정한 상품을 판매하고 있다.

우리나라도 65세 이상 노인 세 명 중 한 명이 독거노인이라고 하는데, 안타까운 현실이긴 하지만 고독사 보험, 이제 남의 일이라고 듣고 흘려버려서는 안 될 것 같다.

860만 호 '폐가 비즈니스', '빈집을 관리해드립니다'

세상에 없던 초고령화를 경험하고 있는 일본. 고령화는 이제까지 없었던 다양하고 새로운 비즈니스를 속속 만들어내고 있다. '빈집 관리 서비스'도 그중 하나인데, 말 그대로 사람이 살지 않는 오래된 빈집을 관리해주는 사업이다.

현재 일본에는 빈집이 무려 860만 가구나 있다(2014년 총무성 주택토지 통계조사). 전체 가구의 14퍼센트에 달할 정도로 많다. 도쿄만 해도 82만 가구가 빈 채로 방치되어 있다. 이대로 손을 쓰지 않으면 2030년에는 일본 전체 가구 네 곳 가운데 한 곳이 빈집이 될 수 있다는 경고까지 나온다.

아무도 살지 않아 방치되고 있는 빈집, 이른바 '폐가'가 급증하는 것은 집주인이 고령으로 사망하거나 간병으로 자택을 떠났는데 그 집을 떠안을 자녀나 가족이 없는 경우가 대부분이다. 저출산 · 고령화로 인한 인구 감소의 어두운 단면을 여실히 보여주는 부분이다. 빈집 중에는 고도성장기 때 저렴한 가격에 날림으로 지어진 질 낮은 주택이 많아 거래도 거의 없다고 한다.

'빈집이 많은 게 뭐 그리 큰 문제냐'고 생각할 수도 있다. 하지만 빈집이 늘어나는 것은 그리 간단한 문제가 아니다. 집에 오랫동안 사람이 살지 않으면 여러 문제가 발생한다. 벌레나 세균이 증식해 위생과 환경 문제를 야기할 뿐만 아니라 주택 노후화로 붕괴 위험 등 안전 문제가 심각해진다. 치안 등으로 발생하는 갖가지 문제도 심각하다. 이 때문에 도쿄 도 등 지자체가 빈집을 관리하고는 있지만, 그 수가 늘어나면서 관리 비용이 만만치 않아 애를 먹고 있다.

그래서 국가 차원에서 빈집 대책에 나서고 있는데, 빈집을 고령자 간병 주택이나 관련 시설로 활용하면 주택 한 채당 수백만 엔의 보조금을 지급하는 등 지원책을 적극적으로 펴고 있다. 지자체들도 세제 지원 등 빈집 관련 조례를 신설해 빈집 문제를 어떻게든 처리하려고 골몰하고 있다.

하지만 빈집이 느는 속도가 워낙 빠르다 보니 관官 차원의 관리에는 한계가 노출됐고, 그런 와중에 등장한 것이 바로 민간 업체들의 빈집 관리 전문 서비스다. 주로 주택 경비업체들이 신사업으로 진출하는 경우가 많은데, 업체가 하는 일은 매달 한 번 정기적으로 집을 방문해 문제가 생기지 않도록 관리해주는 것이다. 유리창 등 집 설비가 파손되거나 쓰레기 불법 투기는 없는지 점검하고 환기를 해주며(일본 기후는 습도가 높아 장시간 환기가 안 되면 곰팡이가 쉽게 생긴다) 배수 상황을 살핀다. 우편물을 체크해 고객에게 전달하기도 한다.

점검 결과는 고객에게 이메일로 전달해주는데, 보통 한 달에 3,000~1만 엔의 서비스 요금을 받는다고 한다. 주거 침입을 감시하는 '홈 시큐리티', 주택 환기와 집 청소, 마당 풀 관리 등을 맡는 '하우스 서포트' 같은 프리미엄 서비스 상품도 있다. 물론 추가 요금이 청구된다.

관련 업체들은 수요가 갈수록 늘어날 것이라고 기대하는 눈치다. 실제로 계약 건수가 빠른 속도로 증가하고 있다고 한다. 빈집 관리 대상은 주로 단독주택인데, 요즘에는 아파트, 맨션으로까지 수요가 확대되고 있다.

최근에는 경비업체뿐만 아니라 부동산회사들도 빈집 관리 비즈니스에 눈독을 들이고 있는데, 여기에는 집주인과의 관계를 통해 집 매각 등 부동산 사업으로 연결하려는 전략도 깔려 있다.

빈집 급증이 사회문제가 되자 일본 정부는 2015년 5월 빈집 대책 특별조치법을 내놓았다. 이 법에서는 '사람 출입이나 전기·가스·수도 사용이 1년간 없었던 집'을 빈집으로 정의하고 있다. 특별조치법은 빈집에 대한 기본 대책을 국가가 결정하고 이 결정에 따라 지자체가 구체적인 대책을 세우도록 하고 있는데, 집주인이 빈집을 관리하지 않으면 기존 고정자산세 감면 혜택을 없애겠다는 내용도 포함되어 있다. 그러다 보니 빈집으로 지정되지 않기 위해 최소한의 관리를 하려는 집주인이 늘고 있고, 덩달아 빈집 관리 비즈니스도 큰 기회를 맞고 있는 것이다.

보안경비회사의 변신, 고령자 가사대행 나서다

일본의 보안경비회사 '세콤'이 기존에 해오던 것과는 전혀 다른 서비스를 고객들에게 선보여 주목받고 있다. 새로운 서비스 내용은 65세 이상 고령 고객을 대상으로 한 가사대행 업무다. 서비스명은 '세콤 마이 홈 콘세르주'.

콘세르주concierge는 중세 시대 초를 들고 성을 안내하는 사람을 말하는 프랑스어로, 촛불관리자cierges에서 유래했다. 일반적으로는 호텔에서 고객 접견을 비롯해 객실 서비스를 총괄하는 서비스 및 관리자를 가리키는 말로 통용되고 있다. 최근에는 개인 비서처럼 고객에게 필요한 정보와 서비스를 종합 제공하는 총괄 관리인 개념으로 쓰기도 한다. 영어로는 '컨시어지'다.

세콤이 가사대행 서비스까지 하게 된 배경은 이렇다.

일본의 독거노인 수가 나날이 늘어나면서 안전에 대한 수요도 함께 증가하고 있는데, 이러한 현상과 맞물려 세콤에 70대 이상 고령 신규 계약자가 크게 늘고 있다고 한다. 흥미로운 것은 이 고령 고객들은 일반 회원과 달리 안전 관리나 비상시 출동과 같은 세콤의 '본업' 이외에 일상생활에 필요한 자잘한 도움이나 일시적 간병을 요청하는 경우가 많다는 점이다.

세콤은 이런 니즈에 착안해 일부 지역에서 일상생활 서비스를 시범 운영했고, 그 결과 수백 건의 상담과 요청 건수가 접수됐다. 이에 세콤은 잠재 수요가 높다고 판단하고 본격적으로 서비스를 시작했다. 서비스 차별화의 포인트를 일상 도우미 서비스로 잡은 것이다.

'세콤 마이 홈 콘세르주' 서비스는 지금은 도쿄 5~6개 구에 한정해 제공되고 있다. 사무실에 전문 스태프 여덟 명이 상주하면서 24시간 전화 및 창구 상담 서비스를 하는데, 스태프는 주로 간병이나 경비, 영업 등에서 일한 경험이 있는 30~40대로 구성되어 있다. 고객 한 명당 서비스는 매월 3시간 이내로 제한되며, 서비스 요금은 월 1만 8,000엔이고, 경비 등 기본요금(6,000~7,000엔)은 별도다.

서비스 내용은 전구를 교환해주거나 무거운 짐을 운반해주며 청소를 해주는 등의 일상적인 집안일을 돕는 것에서부터 휴대폰 사용법을 알려주거나 함께 외출해 쇼핑을 도와주는 일까지 다양하다. 생활 고충을 들어주거나 생활에 필요한 다양한 정보를 전달해주는 일까지 고객이 원하는 것은 가리지 않는다.

혼자 사는 노인들의 가장 큰 걱정거리가 바로 건강인데, 전화 상담이나 직접 상담을 통해 고객들의 건강 상태를 챙겨주기도 한다. 고객이 요청하면 회사와 계약한 전문의에게 전화 진료를 연결해준다. 고령 고객의 안부를 가족에게 전달해주는 것도 스태프의 중요한 업무 중 하나다.

집수리, 식사 배달, PC 수리, 세금 상담 등 전문적인 일을 해당 업체에 중개해주는 것도 '마이 홈 콘세르주'의 일이다. 전문 서비스는 별도의 비용을 지불해야 한다. 이처럼 '마이 홈 콘세르주'는 고령자들이 일상생활에서 겪는 여러 불편을 한곳에서 모두 해결할 수 있는 원스톱 서비스라고 할 수 있다.

고령자들의 생활 원스톱 서비스 수요가 늘자 세콤 외에 다른 경비업체들도 고령 고객 잡기에 힘을 쏟고 있다. ALSOK은 혈

압 측정, 건강 체조 강좌, 골절 예방 등과 같은 고령자 건강관리 서비스를 시행하고 있다.

도심 속 타워형 공동묘지 '하이테크 납골당'

초고령사회 일본에서는 '하이테크 납골당'이라는 것이 인기다. 하이테크 납골당이란 납골당 로커에 납골함을 안치하는 기존 방식과 달리 첨단 운반 기술로 납골함을 자동 이동시켜 참배할 수 있는 '첨단 묘'를 말한다.

도쿄 시나가와에 있는 하이테크 납골당. 5층 건물인 이곳 1층에 참배 신청 단말기가 있다. 단말기에 ID카드를 넣고 패스워드를 입력하면 화면에 '3층 C부스로 가세요'라는 참배 부스 안내가 뜬다.

3층에는 현금자동인출기 크기의 참배 부스가 설치되어 있는데, 부스에 들어서면 옆 화면에 고인의 사진과 이름이 뜬다. 이후 단상의 대리석 문이 열리면서 고인의 이름이 적힌 묘비석과 납골함이 운반되어 나온다. 주차타워에서 번호를 입력해 차를 출고하는 것과 비슷하다. 납골함이 나오는 데 걸리는 시간은 30초~1분 정도. 참배를 하는 동안 화면으로 고인의 생전 동영상을 볼 수도 있다.

참배 부스 뒤편에는 10미터 크기의 거대한 납골 수납장이 있는데, 자동 크레인이 컴퓨터에 입력된 해당 납골함을 찾아 자동으로 운반하는 시스템이다. 이곳 납골당은 7,200개의 납골함을 수용할 수 있다. 자동 납골함 운반 시스템에는 협소한 장소에 대량의 짐을 보관·분류하는 자동창고 기술이 응용됐다. 도요타 자동차그룹 계열사인 도요타 자동직기가 이 기술로 유명한데, 도요타 자동직기도 첨단 납골당 사업을 추진하고 있다.

하이테크 납골당을 이용하려면 납골함을 분양받아야 한다. 회원권(50년 이용)은 보통 40~80만 엔이고, 1년에 5,000엔에서 1만 엔 정도의 관리비를 낸다. 도쿄 도심의 일반 묘지를 분양받을 때 수백만 엔이 들어가는 것에 비하면 상당히 저렴한 편이다.

하이테크 납골당의 등장에는 일본 도심의 묘지가 포화 상태라는 현실적 이유가 깔려 있었다. 일본에서는 화장이 의무화되어 있어 봉분이 없고 납골함을 납골묘지에 안치해야 하는데, 일본 전역에 공동 납골묘지가 약 90만 곳이 있고, 도쿄에는 약 열 곳 정도가 있지만, 이것만으로는 늘어나는 납골 수요를 감당하기 어렵다고 한다. 이런 상황에서 건물 하나에 기존 묘지 열 배가량의 묘를 제공할 수 있는 타워형 하이테크 납골당이 매력적인 해결책이 되어준 셈이다.

핵가족화로 가족묘가 사라지고, 장기불황과 저출산으로 후

대에게 조상의 묘지 관리를 기대하기 힘든 현실도 '납골 빌딩'을 출현시킨 원인이다.

또 요즘 일본에서는 자신의 묘지를 스스로 마련하는 노인들이 많다. 장례 절차도 생전에 미리 업체와 계약해둔다. 재정적 여유가 있는 부모들이 자녀에게 부담을 주지 않으려고 장례부터 묘지 구입까지 스스로 준비하는 배려가 일본의 납골 문화를 바꿔놓고 있다.

참배를 위해 도심에서 멀리 떨어져 있는 납골당까지 찾아가지 않아도 되고, 묘비 청소 등 관리 부담도 없고, 게다가 비용마저 저렴한 하이테크 납골당. 매력 만점인 '첨단 납골당'이 언제 한국에 상륙할지 자못 궁금해진다.

'우주 장례식' 치르는 '젊은 노인들'

'유골 재를 소형 캡슐에 넣어 미국에서 쏘아 올리는 로켓이나 인공위성에 탑재한다.

유골 캡슐을 실은 로켓이나 인공위성은 수십 년간 우주 공간을 떠다니다가 지구로 귀환.

우주여행을 마친 유골 캡슐을 회수해 미국의 바다에 유골

재를 뿌려 고인과 작별한다.'

소설에서나 나올 것 같은 이 이야기는 실제 미국 '우주장葬' 회사가 서비스하고 있는 장례 상품에 대한 설명이다. 셀레스티스Celestis라는 이름의 이 업체는 미 항공우주국NASA의 인공위성에 의뢰자들의 유골을 탑재해 쏘아 올리고 있다.

인공위성은 최장 240년간 지구 궤도를 도는데, 해당 인공위성의 위치는 모바일 전용 애플리케이션으로 확인이 가능해 언제든 상공을 올려다보면서 고인의 명복을 빌 수 있다고 한다.

2015년 12월 일본에서 처음으로 엔딩 박람회ENDEX라는 것이 열렸는데, 여기서 '우주장'이 소개되면서 일본 고령자들의 커다란 관심을 끌었다. 우주장에 들어가는 비용은 50~95만 엔. 우리 돈으로 1,000만 원을 호가하는 고가임에도 사전 예약이 다섯 건이나 성사됐다고 한다.

우주장의 일본 대리점을 맡고 있는 장례 전문 업체 '은하 스테이즈'(오사카 시)는 앞으로 달 표면 탐사기에 유골함을 실어 보내는 '달 여행 플랜', 우주탐사기에 실어 우주 끝까지 여행하는 '우주 탐사 플랜'도 추진 중이라고 한다. 이 업체는 "하늘과 별자리를 좋아하는 사람들에게 최고의 임종이 될 것"이라고 광고한다.

초고령사회 일본에서는 자신의 장례나 죽음을 미리, 그것도 스스로 준비하는 노인들이 많은데, 이런 활동들을 생애 마지막 활동이라는 뜻으로 '종활終活'이라고 부른다. '웰 다잉well dying'에 해당한다고 할 수 있다.

첫 엔딩 박람회, '종활 페어'에는 이렇게 우주장뿐만 아니라 기발하고 다양한 엔딩 상품이 소개돼 사람들의 이목을 끌었다. 고인이 사랑했던 풍경 사진으로 전체를 코팅한 관이나 축구를 유난히 좋아했던 고인을 기려 만든 축구공 유골함, 고인이 좋아했던 보석으로 수놓은 서양식 여성 수의壽衣, 즉 '에필로그 드레스'도 인기를 끌었다. 에필로그 드레스는 150~200만 엔이 넘는 것도 있다고 한다.

IT는 엔딩 박람회에서도 주요 키워드였다. 스마트폰을 활용해 문자나 음성으로 고인을 기리는 '제사 서비스'를 비롯해 드론(소형 무인 항공기)을 활용해 장례식장 상공에서 고인의 고향 풍경을 내리비추는 서비스까지…….

일본에서는 엔딩 비즈니스 시장 규모를 5조 엔 이상으로 추산하면서 고령사회의 새로운 비즈니스 기회로 삼고 있다. 2015년 첫 엔딩 박람회에는 관련 업체 200개 사가 참여했는데, 다음 해인 2016년 '엔딩 페어' 박람회는 그 규모가 두 배로 커졌다고 한다.

"내가 죽은 후에 돌봐주세요"
노인 사회에 '펫 신탁' 유행

일본에서는 주인이 사망하면 그 반려동물을 인계받아 보살펴주는 서비스가 인기를 끌고 있다.

여생이 얼마 남지 않은 독거노인들은 가족처럼 함께 지내온 반려동물을 남겨놓고 떠난다는 것이 여간 마음 아픈 게 아니다. 그래서 홀로 남겨질 반려동물을 위해 어떻게든 '대책'을 마련하려는 노인들이 늘고 있다고 한다. 이 같은 노인들의 수요(걱정)에 맞춰 주목받고 있는 것이 '펫pet(애완동물) 신탁'이라는 금융 상품이다.

신탁이라는 제도를 활용해 자신의 사후에 새로운 주인이 반려동물을 보살피도록 하는 서비스인데, 사실상 반려동물에게 '유산'을 남겨놓는 것이다. 방식은 이렇다.

반려동물 주인이 믿을만한 가족, 친척이나 친구 등과 신탁 계약을 맺는다. 주인은 위탁자가 되고, 가족이나 친구는 수탁자가 된다. 주인은 사료 등 사육비를 신탁 재산 전용 계좌에 넣어둔다. 이후 주인이 사망하거나 요양시설에 들어가 반려동물을 돌볼 수 없는 상황이 되면 신탁 계약 때 지정했던 새 주인에게 반려동물을 인계하고, 신탁 재산에서 사육비를 지불하는 구조다.

반려동물을 인계받은 수탁자는 계약대로 보호 · 사육할 의

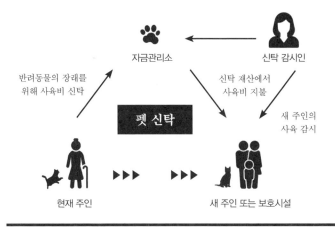

자금관리소

신탁 감시인

반려동물의 장래를
위해 사육비 신탁

신탁 재산에서
사육비 지불

펫 신탁

새 주인의
사육 감시

현재 주인

▶▶▶   ▶▶▶

새 주인 또는 보호시설

펫 신탁 과정

무가 있다. 주인들은 자신의 반려동물이 새 주인에게 잘 보호받
고 있는지, 사육비는 적절하게 사용되고 있는지 감시하는 신탁
감시인을 선임할 수도 있다. 신탁 재산은 사료 값, 장례와 매장
비 등에 쓰이는데, 반려동물의 생존 기간 10년을 기준으로 대략
200~300만 엔을 예치해두는 경우가 많다고 한다.

주인 사망 후 반려동물을 보호시설에 위탁할 수 있는 비용
등을 보장하는 보험도 등장했다. 아스모 소액보험사는 반려동물
주인을 대상으로 하는 '반려동물 지킴이'(보험 기간 1년)라는 보험
상품을 내놓았는데, 주인이 죽으면 사망 보험금(반려동물 돌봄 보험
금)을 최고 300만 엔까지 지불한다.

이 상품의 가입 가능 연령은 84세까지로, 해당 업체에 따르면 계약자 대부분이 40~60대 여성이라고 한다. 일반적으로 개의 평균수명은 14.85년, 고양이는 15.75년이다(일본 반려동물푸드협회). 따라서 70대에 반려동물과 연을 맺으면 자신이 죽은 후에도 반려동물이 생존할 가능성이 많다.

입주자의 반려동물을 돌봐주는 노인 요양시설도 늘고 있다. 일본 가나가와 현 요코스카 시의 한 '노인 홈'(공공 고령자 거주시설)은 몇 년 전부터 입주자가 반려동물과 함께 거주할 수 있도록 했는데, 입주자가 사망하면 홀로 남겨진 반려동물을 돌봐주고, 동물이 여생을 다하면 화장해 시설 내 전용 묘지에 매장한다. 여생을 반려동물과 지낼 수 있고, 사망한 후에도 반려동물을 끝까지 돌봐줘 인기가 높다고 한다.

일본은 2013년 동물애호관리법이 개정돼 주인은 반려동물이 죽을 때까지 책임을 지고 기르도록 의무화하고 있다. 하지만 고령화로 주인이 어쩔 수 없이 반려동물을 방치하는 경우가 갈수록 늘고 있는 게 현실이다. 반려동물 돌봄 서비스가 있다고는 하지만 현실적으로 서비스를 이용하지 못하는 고령자가 대부분이다. 또 보험이나 신탁으로 위탁을 받는 사람들도 결국에는 직접 기르기보다 맡길만한 곳을 찾는다고 한다. 이 때문에 요즘 일본에서는 '고령 반려동물 시설'이 인기를 끌고 있다. 일본 환경부에 따르면, 44개의 시설(2014년 기준)이 운영되고 있다. 고령자 수

용시설도 부족한 상황인데, 앞으로는 고령 반려동물 시설도 많이 필요할 듯하다.

디스코에 푹 빠진
일본 노인들

1970~1980년대 일본의 청춘들을 열광시켰던 디스코 붐이 다시 부활하고 있다. 디스코 붐은 '디스코 세대'인 50~60대 중장년층을 중심으로 일본 전역에서 일고 있다. 호텔이나 유명 DJ가 기획한 '디스코 이벤트'에는 수백 명에서 천 명이 훌쩍 넘는 남녀 시니어들이 몰려들고 있는데, 신나는 추억의 댄스곡에 맞춰 환호성을 지르며 격렬하게 몸을 흔들어대는 중장년층의 열광적인 분위기에 이벤트를 기획한 측이 압도될 정도라고 한다.

2016년 11월 나고야 시에서는 전설의 디스코 클럽 '마하라자Maharaja'의 부활이 매스컴의 주목을 받았다. 높은 천장에 매달린 거대한 미러볼에서 반사되는 형광색의 화려한 칵테일 광선이 댄스홀을 내리비추고, 시대를 풍미했던 추억의 댄스곡이 흘러나오면, 입담 좋은 DJ의 추임새에 맞춰 환호성과 함께 격정의 댄스타임이 시작된다. 춤 솜씨와 외모에 자신이 있는 이들은 홀 중앙에 마련된 댄스 무대에 올라 손을 높이 흔들며 열기를 고조시킨다. 풍요롭던 버블 시절로 시간 이동한 것 같은 착각이 들 정도였다고 매스컴은 당시 분위기를 전하기도 했다.

클럽 마하라자는 버블이 한창이던 1980년 후반 일본 열도를 뜨겁게 달궜던 고급 디스코 클럽 체인이다. 엔터테인먼트회사 NOVA21그룹이 운영하던 마하라자는 당시 현란한 실내장식과 무대 등으로 일본 버블의 상징이 되기도 했다. 하지만 1990년대 초반 버블이 꺼지면서 기세를 잃고 1990년대 후반에 자취를 감췄다.

버블의 상징이었던 마하라자가 다시 등장한 것을 두고 일부 언론에서는 일본이 긴 불황의 터널을 벗어나고 있다며 다소 성급한 분석을 내놓기까지 했다.

고급 디스코 클럽 마하라자의 재등장은 수년 전 도쿄 최고의 번화가인 롯폰기에서 시작됐다. 2010년 '마하라자 롯폰기'를 시작으로 2014년 4월에는 마하라자의 발상지 오사카에서 20년 만에 부활했고, 이어 나고야에서도 문을 열었다. '오사카 마하라자'는 마하라자의 성지답게 연일 대성황이라고 한다.

도심의 유명 호텔들도 정기적으로 디스코 이벤트를 열어 디스코를 즐기려는 시니어들을 유혹하고 있다. 대표적인 곳이 도쿄 '그랜드 하얏트'의 디스코 클럽 '클럽 칙Club Chic'이다. 디스코 부활의 선두 주자이기도 한 클럽 칙은 2005년부터 디스코 이벤트를 시작해 지금까지 매년 2~4회 개최하고 있는데, 일반석 1만

5,000엔, VIP석 2만 5,000엔의 고가임에도 50대 전후의 멋진 중장년 남녀 고객들로 홀은 항상 만원이라고 한다.

도쿄의 또 다른 호텔, '그랜드 프린스호텔 뉴 타카나와'는 2012년부터 매년 4회의 디스코 이벤트를 열고 있는데, 한 회에 수백 명에서 많게는 무려 1,500명의 디스코 마니아들이 운집할 정도로 열기가 뜨겁다.

히로시마에서는 디스코 마니아들이 의기투합해 '디스코 부활위원회'를 발족해 지역 내 디스코 붐을 주도하고 있다. '오리엔탈 호텔 히로시마'는 2015년부터 인근 지역의 디스코 애호가들을 유치하기 위해 '디스코 숙박 플랜' 상품을 내놓고 있다.

또 교토 부의 북쪽에 있는 마이즈루 시에서는 지역 활성화 차원에서 디스코 이벤트를 실시하고 있는데, 하룻밤 디스코장을 빌려 중장년층의 소비를 이끌어내고 이를 관광 상품으로도 키워나가고 있다.

그렇다면 '추억의 디스코'가 다시 뜨는 이유는 뭘까?

직장과 자녀 교육에서 점차 해방되고 있는 시니어들은 시간적·금전적 여유가 생겨 일상을 즐기고 싶지만 마땅히 놀 곳이 없다. 욕망의 해방구가 없는 셈이다. 이런 상황에서 등장한 '디스코의 추억'은 그들이 숨겨왔던 '끼'를 끄집어내게 했고, 이를 통해 스트레스 발산의 기회까지 제공해주고 있는 것이다.

"젊었을 때 춤추는 것을 좋아했고, 춤을 추면서 스트레스를 해소하곤 했다. 디스코 클럽이 생기니 너무 반갑고 기쁘다."

"직장 시절 초기에 여자 친구와 자주 디스코 클럽을 찾았다. 요즘 클럽에서 그때의 음악을 들으면 당시 추억이 떠올라 마음이 푸근해진다."

"댄스의 끼를 발산하지 못하고 묻어두기만 했는데, 다시 마음껏 발산할 수 있어 너무 좋다."

디스코 이벤트를 자주 찾는 이들은 익숙한 곡에 함께 환호하면서 익숙한 안무에 맞춰 춤을 추다 보면 스트레스는 온데간데없고 모르는 주위 사람들과 일체감마저 느낀다고 말한다.

흥미로운 점은 요즘 뜨는 주 고객이 중장년층인 디스코 클럽의 내부가 일반적인 클럽과는 조금 다르다는 것이다. 클럽 내홀에는 젊은이들이 찾는 일반 클럽과 달리 의자와 테이블이 마련되어 있다. 여유롭게 음식을 즐길 수 있고, 지치면 휴식도 가능하다. 홀 내부 인테리어도 '배리어 프리' 디자인을 채용해 고령 고객을 배려했다. 1층 입구부터 댄스 플로어는 물론 객석 카운터까지 턱을 없앴고, 화장실 벽에는 손잡이를 달아놓았다.

클럽을 찾는 연령층도 다양하다. 중장년층 엄마가 딸과 함께 오거나, 젊었을 때 디스코를 즐겼던 회사의 간부들이 젊은 부하 직원들과 함께 찾아 부 회식을 즐기기도 한다. 휠체어에 몸을 실은 고객들도 심심찮게 볼 수 있다고 한다.

전문가들은 클럽을 찾는 고객층이 디스코 세대인 50대 전후

에 그치지 않고, 40대 전반과 60대로 확산되고 있다는 점에 주목
하면서 디스코 문화가 세대를 연결하는 다리 역할을 할 수 있을
것으로 기대하고 있다.

'가라오케'에 꽂힌
노인 복지시설

　요즘 일본에서는 노래방 기기인 '가라오케(거짓이라는 뜻의
'가라'와 오케스트라의 '오케'를 합성해 만든 말)'가 고령자들 사이에서
큰 인기를 얻고 있다. 가라오케가 노인들의 신체적 건강뿐만 아
니라 뇌기능 활성화 등 정신건강을 유지하는 데 효과가 있다는
연구 결과가 잇따르고 있기 때문이다. 지자체는 노인 복지 사업
차원에서, 노인 복지시설이나 고령자 주택은 거주자 서비스 차원
에서 '간병 가라오케 시스템'을 적극 도입하고 있다고 한다.

　도쿄 인근의 기요세 시는 2015년 6월 고령자 간병 지원 사
업의 일환으로 가라오케를 활용한 간병교실 프로그램을 도입했
다. '커뮤니티 플라자 해바라기'라는 이름의 간병교실은 언제나
신나게 노래를 열창하고 음악에 맞춰 몸을 흔드는 남녀 노인들의
열기로 후끈거린다. 가라오케 대형 화면에 나오는 모델의 동작에
맞춰 손을 흔들거나 스텝을 밟는 노인들의 모습에서 젊은이 못지

않은 활력을 느낄 수 있다.

가라오케 간병 시스템은 일본의 가라오케 기기 제작업체가 만든 것으로, 400개의 프로그램이 내장되어 있다. 노래 장르도 신나는 댄스 음악에서부터 발라드, 트로트까지 다양하다. 물론 대부분이 노인들이 젊었을 때 인기를 끌었던 추억의 노래다.

이 가라오케 간병 프로그램의 특이한 점은 각 노래에 따라 율동 프로그램이 설계되어 있다는 것이다. 수건을 활용한 가요 체조, 트로트에 맞춰 손뼉을 치는 율동, 댄스 음악에 맞춘 스텝 등 1시간 반 정도의 프로그램에 노래와 율동이 집중된다. 이 프로그램은 의사와 음악치료사의 의견을 참고해 '의학적'으로 만들어졌다. 기요세 시는 시내 세 곳의 시설에서 주 1회 가라오케 간병 프로그램을 개최하고 있는데, 참가비가 회당 200엔 정도로 저렴하다.

사실 일본에서 가라오케를 활용한 간병 지원 프로그램이 도입된 것은 2000년대 초반으로, 주로 노인 복지시설을 중심으로 활용됐다. 그러다 최근 일본 전국의 지자체가 잇따라 도입하고 있는데, 그것은 가라오케 간병 시스템이 그만큼 효과가 좋다는 연구 결과 때문이다.

가라오케 간병 프로그램의 효과는 일석삼조다.

먼저 신체적 건강에 도움이 된다. 노래에 따라 전신을 흔들면 근력이 강화되는 것은 물론이고 특히 구강 건강에 큰 도움이 된다고 한다. 나이가 들면 침 분비가 줄어들면서 구강건조증이나 감염증이 발생하기 쉬운데, 노래와 율동을 함께 하면 타액 분비가 증가해 이를 예방할 수 있다는 것이다.

또 뇌기능 활성화에도 큰 도움이 된다. 연주에 맞춰 노래를 부르고 모델의 동작에 율동을 맞추려면 정신을 집중해야 하는데, 그 과정에서 뇌기능이 활성화된다는 것이다. 또 추억의 노래를 들으며 과거의 기억을 되찾는 회상 효과는 치매 환자들에게 효과가 있다. 자신이 젊었을 때, 또는 인생에서 가장 빛났던 시절의 곡을 들으면 당시의 기억이 되살아나면서 활력을 되찾는 효과도 기대할 수 있다고 전문가들은 이야기한다.

이뿐만이 아니다. 또래와 함께 체조하고 즐기면서 마음이 건강해진다. 친구가 생기면 고독감에서 벗어날 수 있어, 집에 틀어박혀 있는 고령자들을 밖으로 끌어내는 좋은 기회가 되기도 한다.

일본 가라오케 사업자협의회에 따르면, 가라오케 간병 프로그램이 실제로 많은 효과를 보고 있다고 한다. 걷는 데 보조기구가 필요했던 노인이 혼자 걷고 가벼운 운동까지 할 수 있게 됐으며, 프로그램에서 만난 사람들과의 교류로 지역사회에 적극적으로 참여하게 됐다는 것이다. "건강수명을 늘려 증가 일로의 의료·간병 비용을 절감하겠다"는 지자체의 목적이 어느 정도 달성되고 있다고 할 수 있다.

'추억의 다방'이
부활한다

  푹신하고 안정감 있는 의자, 중후한 테이블, 파티션을 이용해 프라이버시를 중시한 공간, 여기에 점원들의 친절한 서비스까지……. 요즘 일본에서 '추억의 다방'이 인기다.

  '딱딱한 의자, 미니 테이블, 개방형 공간, 셀프서비스'로 대표되는 도심형 카페의 콘셉트와 정반대의 이미지를 도입한 것이 특징이라면 특징이다. 각박하고 여유 없는 서양식 커피 전문점에 피로를 느낀 사람들이 추억을 느끼고 싶어 '과거의 카페'를 찾고 있는 것이다. 우리 식으로 하면 '응팔(《응답하라 1988》) 카페'라고나 할까? 그래서인지 추억의 다방은 퇴직자를 비롯해 남녀 장년층에게 많은 사랑을 받고 있다.

  대표적인 추억의 다방은 '코메다コメダ 커피점'이다. 주로 도심에서 떨어진 교외 주택가나 외곽 도로변에 생겨나고 있는데, 매장 수가 크게 늘어 전국에 615개나 되는 매장이 영업을 하고 있다(2015년 말 기준). 머지않아 스타벅스의 아성까지도 무너뜨릴 기세라고 한다.

  '코메다 커피점'의 매력 포인트는 여유, 안정감, 친절한 서비스다.

  우선 넓은 주차장이 있고, 널찍한 테이블에 푹신한 의자를 갖춘 100석 이상의 좌석이 있어 손님들에게 안정감과 여유로움을 준다. 매장에는 10여 종의 신문과 주간지, 여성지가 비치되어 있고, 눈이 침침한 장년층을 위한 안경까지 구비되어 있다. 이런 분위기에서 남 눈치 보지 않고 몇 시간이고 여유로운 커피 타임을 즐길 수 있다는 것이 이 카페의 가장 큰 매력이라고 한다.

또 하나 눈에 띄는 점은 도심형 카페와 달리 점원들이 주문을 받아 직접 가져다주는 풀 서비스 방식이다. 직접 카운터에서 주문하고 받아 오는 불편을 감수하지 않아도 되고, 옛날 다방 점원들의 친절한 서비스를 추억하게 한다고들 이야기한다.

코메다 커피점은 퇴직자 등 시니어를 위해 오전 6시에서 11시까지 브랜드 커피 한 잔(약 500엔)을 시키면 찐 달걀과 토스트가 무료로 나오는 모닝세트를 제공하고 있다. 아침 시간이 여유로운 고령자를 위한 배려에서 생겨난 이 메뉴 때문에 아침부터 긴 대기 행렬이 생길 정도라고 한다.

코메다 커피점뿐만이 아니다. 일본의 유명 커피 체인들도 이런 다방식 커피숍을 잇따라 출점하고 있다. 일본의 대표 커피 체인 도토루가 이 같은 콘셉트의 '호시노_{星乃} 커피'를 운영하고 있고, 르누아르 커피 체인도 최근 교외를 중심으로 '미야마ミヤマ 커피' 카페를 열어 인기를 끌고 있다.

2011년 문을 연 도토루의 호시노 커피는 600~900엔이나 하는 고급 핸드드립 커피를 판매하고 있는데도 시간적인 여유를 즐기려는 시니어 층으로 늘 자리가 꽉 찬다고 한다. 최근 롯폰기에 문을 연 호시노 커피는 널따란 좌석과 고풍스러운 분위기가 인기를 얻으면서 중장년층 비즈니스맨들로 연일 만원사례를 이룰 정도다.

그렇다면 왜 일본에서 추억의 다방 붐이 일고 있을까? 가장 큰 이유는 딱딱한 의자와 좁은 공간, 그리고 셀프서비스에 대한 피로감의 발로라는 분석이다. 비싼 돈을 지불하더라도 좀 더 여유롭게 커피를 즐기고, 시간을 보낼 수 있는 공간을 추구하는 소비자가 계속해서 생겨나고 있다는 이야기다.

단카이 세대가 정년퇴직 시기를 맞으면서 680만 명에 달하는 이들이 도심에서 자택이 있는 교외 지역으로 활동 거점을 옮겼다는 점도 추억의 다방이 인기를 끄는 배경으로 꼽힌다. 실제로 도심 외곽에 있는 추억의 다방의 주 고객층은 60대 남녀 장년층이다.

또 최근 모바일 기기를 활용해 회사 밖에서 일하는 이른바 '노마드족'이 증가하고 있다는 점을 원인으로 꼽는 전문가들도 있다. 카페에서 노트북이나 태블릿 PC 등을 활용해 회사 일을 하려면 좀 더 넓은 테이블과 안정된 분위기가 필요한데, 추억의 다방이 이 점을 모두 만족시켜주고 있기 때문이다.

어쨌든 추억의 다방 같은 공간에서 시간적으로나 심적으로 여유를 즐기려는 일본인들이 많아지고 있는 것만은 확실한 모양

2부_신 고령 인류가 바꾸는 새로운 세상

이다. 이것도 고령화 시대가 낳은 새로운 풍경이 아닐까?

휠체어 타고 해외여행, 고령자 꿈 실현해주는 '트래블 헬퍼'

"노천 온천에 몸을 푹 담그고 싶어요."

"유럽 여행을 다녀올 수 없을까요?"

"마지막으로 시골에 있는 부모님 묘에 다녀오고 싶은데……."

보통 사람들에게는 별것 아닌 것 같은 일들이 신체가 불편한 사람들에게는 커다란 희망일 수 있다. 특히 간병 등 누군가의 보호가 필요한 장애인이나 노인들에게 장거리 여행은 쉽지 않은 도전이다. 고령화가 진행될수록 거동이 불편한 고령자들의 여행에 대한 수요가 커지고 있는데, 이와 관련해 요즘 일본에서 주목받고 있는 직업이 있다.

'트래블 헬퍼'. 트래블 헬퍼는 단순히 여행을 함께하는 여행 안내자가 아니다. 신체가 자유롭지 못한 장애인이나 간병이 필요한 고령자들과 장거리 여행을 함께하는 전문 인력을 말한다. 여행뿐만 아니라, 시골 성묘, 손주 등 친척 결혼식 참석 등에도 함께하기 때문에 업계에서는 '외출 지원 전문가'라고 부르기도 한다.

트래블 헬퍼가 하는 업무는 고령자의 이동에서부터 식사 및 입욕 보조, 기저귀 교환 등 배설 보조, 그리고 긴급 간호 조치 등의 간이 의료행위에 이르기까지, 잡무에서 전문적인 분야까지 다양하다. 고령자나 장애인을 보살피는 일뿐만 아니라 그들이 머무는 숙박시설 섭외, 여행 계획 짜기 등 여행과 관련한 전문적인 일까지 모두 트래블 헬퍼의 주요 업무에 포함된다. 한마디로 간병 지식과 기술, 여기에 여행 전문 지식까지 겸비한 간병 여행 전문 인력이라고 할 수 있다.

현재 일본에는 500여 명의 트래블 헬퍼가 활약하고 있다(일본 트래블헬퍼협회 집계). 트래블 헬퍼는 이처럼 다양한 분야에서 전문적인 일을 해야 하기 때문에 일정한 자격이 필요하다. 트래블 헬퍼협회는 2009년부터 트래블 헬퍼 자격시험을 시행하고 있는데, 3급에서 1급(최고 등급)까지 단계가 있다. 실제 여행에 참여하려면 2급 이상의 자격을 보유해야 한다. 트래블헬퍼협회의 2급 시험에 응시하려면 간병 및 간호 관련 자격을 갖고 있어야 하고, 자격을 딴 이후에도 스스로 휠체어를 타고 2박 3일 여행을 해보는 등의 연수 과정을 거쳐야 한다.

간병 전문 여행사로는 SPI가 유명한데, 이곳은 2000년대 후반부터 고령자 및 장애인 맞춤형 여행 상품을 제공하고 있다. 또 일본 최대 여행사인 JTB도 2014년부터 트래블 헬퍼가 동반하는 '배리어 프리 투어리즘' 상품을 서비스하고 있다.

'클럽 투어리즘'이라는 회사는 지팡이와 휠체어에 의존해 생활하는 고령자를 대상으로 여행 상품을 판매하고 있으며, 대형 여행사 HIS의 '배리어 프리 여행친구'라는 상품은 하와이는 물론이고, 스위스, 아프리카 남부의 빅토리아 폭포까지 찾아간다고 한다.

고령자 전용 여행 상품은 통상적인 여행 상품의 절반 정도의 인원으로 구성하는데, 요금은 일반 여행 상품의 1.5배에서 2배 정도 비싸다. 트래블 헬퍼 비용을 지불해야 하기 때문인데, 보통 트래블 헬퍼 이용 요금(SPI 기준)은 이용자의 신체 상태와 시간에 따라 다르지만, 기본료는 1시간에 3,880엔(3시간 이상), 반일은 1만 6,200엔, 1일은 2만 4,840엔 정도다.

트래블 헬퍼는 시간당 1,000엔, 하루 1만 엔 정도의 보수를 받고 일한다. 일본의 주요 여행사가 2014년부터 배리어 프리 상품을 잇따라 내놓으면서 트래블 헬퍼에 대한 수요가 급증하고 있고, 덕분에 고령자 여행 서비스도 다양화하고 있다. 라이프스타일 조사기관인 '닛케이 소비 인사이트'는 트래블 헬퍼와 함께하는 배리어 프리 여행을 2016년 히트 상품으로 선정하기도 했다.

70대 판매원의 경쟁력,
'친절에 힐링까지 드려요'

'노노접객老老接客', 노인 대국 일본의 매스컴에서 요즘 자주 등장하는 용어다. 말하자면 노인이 노인을 대접한다는 말이다.

일본에서는 고령 판매원이나 직원이 동년배인 손님을 접객하는 경우가 많아지고 있는데, 매스컴에서 이를 노노접객으로 부르면서 관심을 끌고 있다. 일본의 주요 방송인 TV아사히에서 방영된 노노접객을 주제로 한 프로그램을 소개하면 이렇다.

장면은 일본 도쿄의 위성도시 고마에 시의 한 대형 슈퍼마켓 식품 판매 코너. 이 프로그램의 주인공은 미역 코너 판매원이다. 그의 나이는 77세다.

허리가 약간 구부정하고 왜소한 할아버지이지만 목소리에는 힘이 있고 활기가 넘친다. 특히 고령자인 여성 고객들과 스스럼없이 친구처럼 대화하면서 노련하게 구매를 유도하는 모습이 인상적이다.

"어서 오세요, ○○○산 미역이 정말 맛있습니다."

"된장국에 넣으면 정말 맛있어요. 오셔서 맛 한번 보세요."

미역 코너 판매원의 활기찬 목소리에 저녁거리를 사러 나온 노년 주부들의 발길이 잇따라 멈춘다.

"요즘 무릎이 아파서 통 바깥출입이 없었는데, 혼자 살다 보

니 누구랑 이렇게 말할 기회가 없네요."(여성 고령 손님 1)

"저도 혼자 사는데, 주말 저녁에는 특히 외롭지요. 그래도 기운을 내야죠. 파이팅!"(판매원)

"지난 주말에는 손주들이 찾아왔는데, 어찌나 바빴는지 시간이 훌쩍 지나갔지 뭡니까?"(여성 고령 손님 2)

"뭐니 뭐니 해도 손주들 얼굴 보는 게 큰 기쁨이지요. 부럽습니다."(판매원)

물건을 사러 나온 고령의 주부 고객들은 미역보다 일상생활 이야기에 더 관심이 많다. 판매원은 이런 고령 손님들을 거리낌 없이 친근하게 대하면서 훈훈한 분위기로 이끈다. 이야기꽃을 피우던 고객들 손에는 어느새 미역이 한 봉지씩 들려 있다.

이 프로그램에서는 노노접객이 갖는 경쟁력이 조명됐는데, 노인 판매원들은 노인 고객들이 무엇을 원하는지 금방 알아차린다는 점과 연륜에서 오는 경험과 지식이 고객에게 신뢰를 준다는 점이 노노접객의 매력 포인트라는 것을 금방 알 수 있었다.

비슷한 나이의 판매원에게 고객은 자신의 취향을 설명하기 쉽고, 일상다반사까지 부담 없이 화기애애한 분위기 속에 이야기를 주고받는다. 판매원과 이야기하는 사이에 서로 신뢰가 쌓이고, 그만큼 고령 고객의 만족도는 올라간다. 고령 점원이 상주하는 매장은 평소 말할 기회가 적은 독거노인들에게 커뮤니케이션의 장이 되고 있는 것이다.

고령 판매원은 딱딱한 매뉴얼에만 의존하지 않고 고객들의 기분에 맞춰 임기응변으로 대응 가능하다는 것 또한 강점이다. 매장에서 행패를 부리거나 막무가내로 행동하는 '폭주 노인'에 대한 대응도 이들 동년배 점원들의 몫이라고 한다.

기업들도 이런 노노접객의 매력에 관심을 쏟기 시작했다. 일본의 최대 보청기업체 '리온'은 도쿄 고객 상담센터에 고령자를 배치해 업무를 맡기고 있는데, 고령 판매원은 고객이 무엇이든 부담 없이 말할 수 있는 분위기를 만들어, 보청기를 사용하면서 발생하는 애로사항은 물론 일상의 고민까지 가리지 않고 최대한 들어준다고 한다. 그러다 보니 고객 한 사람 상담에 두 시간 이상 걸리는 경우도 다반사다.

각종 설문조사에서도 고령 고객들은 노노접객에 대해 호감을 나타냈다. 앞서 소개한 프로그램의 방송사가 즉석에서 쇼핑타운 앞을 지나는 고령자들에게 간단한 조사를 실시했는데, 50명의 고령자 중 44명이 "동 세대 점원에게 호감을 느낀다"고 답했다.

일본의 취업자 총수는 6,300만 명 정도(2014년 기준)로, 2005년부터 10년간 거의 제자리다. 그에 반해 고령 취업자 비율은 11.5퍼센트로, 10년 전에 비해 1.5배나 증가한 것으로 나타났다. 일하고 싶어 하는 고령자들이 일할 수 있는 환경을 만들어주는 것은 감소 추세에 있는 노동력의 확보에 중요한 역할을 한다고 전문가들은 입을 모은다.

'시니어 민박'
일석삼조 고령화 해법

"몇 년 전 남편을 여의고 넓은 집을 혼자 지키자니 적적해서 민박을 시작하기로 했습니다."

효고 현의 82세 할머니는 최근에 민박을 시작했는데, 주말에는 예약이 꽉 차 고객들 뒷바라지에 여념이 없다. 이처럼 요즘 일본에서는 고령자들이 민박 서비스에 잇따라 참여하면서 주목을 끌고 있다. 이른바 '시니어 민박'이다.

일본의 한 신문에 소개된 이 할머니 집은 정원이 커서 바비큐가 가능하다는 점이 차별화 포인트라고 한다. 주변 도시인 고베나 오사카에서도 손님들이 오고 있고, 20대 회사원이나 대학생 단체, 그리고 30대 가족 팀들도 자주 찾는다. 최근 들어 해외에서 찾아오는 외국인의 발걸음도 많아졌는데, 신혼여행을 온 스위스의 부부가 머물다 간 것이 인상에 많이 남았다고 한다.

일본 시니어 민박은 주로 숙박 공유 사이트인 '에어비앤비 airbnb'를 통하는 경우가 많은데, 에어비앤비의 조사에 따르면, 60세 이상 민박 호스트는 약 900명. 숫자로만 보면 아직 적지만, 최근 1년 새 세 배 이상 대폭 증가했다(2016년 9월 기준). 에어비앤비 일본 법인에 따르면, 호스트의 연령이 높을수록 투숙객들로부터 평가도 좋았다고 한다.

지역적으로는 도시보다 지방, 시골에서 그 비율이 눈에 띄게 증가했다. 시니어 민박이 증가한 지역은 인근에 세계유산이나 관광지가 있는 곳이라는 공통점이 있었다. 세계유산이 있는 와카야마 현의 다나베 시는 전체 민박 주인의 27퍼센트가 시니어인 것으로 조사됐다. 유네스코 세계문화유산에 등록된 길은 전 세계에 두 곳이 있는데, 하나는 스페인의 '카미노 데 산티아고' 순례길(800킬로미터)이고, 또 하나가 바로 와카야마 현의 '구마노고도熊野古道' 순례길(307.6킬로미터)이다.

노인 대국 일본에서 특히 시니어 민박이 주목받고 있는 것은 시니어들의 민박 사업이 독거노인 가구 증가 등에 따른 초고령사회의 해법으로 떠오르기 때문이다. 일본 언론들은 시니어 민박에서 일석삼조의 효과를 기대할 수 있다고 강조한다. 건강과 수익, 그리고 고독의 해소가 그것이다. 집에 찾아오는 손님을 맞이하려면 몸을 많이 움직이고 긴장감도 가져야 하기 때문에 고령자들의 건강 증진에 도움이 된다는 것. 또 민박 서비스로 지속적인 수익을 올릴 수 있고, 무엇보다 혼자 있는 외로움을 손님들과 달랠 수 있다는 것이다.

이 때문에 민박 운영을 노후 대책으로 활용하려는 퇴직자들의 참여도 갈수록 많아지고 있다고 한다. 실제 시니어 호스트의 36퍼센트가 퇴직자 또는 무직이다. 남녀 비율은 남성이 60퍼센트, 여성이 40퍼센트이다.

요즘 늘어나는 외국인 관광객을 겨냥해 국제 교류의 기회를 가지기 위해 민박을 하려는 고령자도 늘고 있는 추세다. 외국인들에게 일본의 좋은 점을 소개할 수 있고, 생생한 어학 학습의 기회도 가질 수 있다는 것이 그들의 생각이다.

지자체들은 시니어 민박이 노인들의 건강에 도움이 돼 의료복지 비용을 절감할 수 있고, 동시에 관광객 유치로 지역 경제에도 큰 도움이 될 것이라며 적극적인 지원책을 펼치고 있다.

연금 받는 날, 러브호텔들 함박웃음

매달 고령자들이 연금을 수령하는 날이면 도쿄 시내 러브호텔들이 함박웃음을 짓는다고 한다. '연금과 러브호텔', 언뜻 보면 전혀 상관관계가 없을 것 같아 보이지만, 한 꺼풀 벗겨보면 고개가 끄덕여진다. 머리 희끗한 고령자 커플들이 연금을 받아 두둑해진 지갑을 들고 잇따라 호텔을 찾고 있다는 것. 인기 있는 러브호텔은 대기실에서 순번을 기다려야 할 정도란다. 러브호텔들의 연금 수령일 대목 장사가 아주 짭짤하다.

일본에는 매달 연금을 타는 65세 이상 고령자가 전체 인구네 명 중 한 명이나 된다. 바로 이 고령 연금족이 러브호텔의 새로운 고객층으로 급부상하고 있다고 일본의 경제 주간지 『프레지던트』가 최근 전해 화제가 됐다.

'러브호텔 연금족'이 늘어나자 호텔 쪽에서도 관련 서비스 상품을 잇따라 내놓고 있다. 커플 중 한쪽이 60세 이상이면 500엔을 할인해주는 시니어 요금제를 실시하는가 하면, 시설 면에서도 고령자를 위해 따뜻한 배려를 하고 있다. 안전사고를 막기 위해 호텔 계단에 예전에는 없었던 난간을 설치한다거나, 룸에 비치된 사각형 테이블을 곡선 모양의 가구로 교체한다거나, 호텔 방 안의 턱을 없애는 등이 그것이다. 심지어 에어컨이나 TV 리모컨도 버튼이 단순하고 큰 글씨로 되어 있는 것으로 바꾼다고 한다. 일본 러브호텔의 고령자 맞춤형 서비스에 박수를 보낼 정도다.

러브호텔을 이용하는 고령 커플은 주로 배우자와 사별한 후 동창회에서 만난 '짝'인 경우가 많다고 이 잡지는 귀띔한다. "동창회에서 만난 그녀를 안아볼 수 있다니 너무 기뻤습니다. 내 인생에 이런 행복이 찾아올 줄은 꿈에도 몰랐습니다." 잡지가 전하는 한 노인 고객의 말이다.

그래도 이들처럼 파트너가 있어 러브호텔을 찾는 연금족은 행복한 편이다. 파트너가 없는 외로운 고령 남성들은 '성性 문제'를 해결하기 위해 전문 가게의 문을 두드린다. 노인 대국인 일본은 벌써부터 고령자 대상 성 관련 서비스나 가게가 번성 중이다. 온라인 고령자 전문 성 업소 안내소가 있을 정도다.

그런데 이런 전문 업소들도 러브호텔과 마찬가지로 연금 수령일 전후로 성황이라고 한다. 연금 수령일 당일 오전 가게 대기실에는 조조요금 플랜을 이용하려는 남성 노인들로 붐비는데, 마치 병원 대기실을 보는 착각이 들 정도라고 한다.

이처럼 연금을 받아 유흥업소를 찾는 이들을 일본에서는 '요시와라吉原 연금족'이라고 부른다. '요시와라'는 도쿠가와 막부가 정권을 잡았던 에도 시대에 이름을 날렸던 유곽(정부 공인 매춘지구) 중 하나였다.

"스킨십으로 안도감을 얻는 것은 노인들의 생활을 질적으로 향상시키는 매우 중요한 요소다. '내가 살아 있구나!' 하는 느낌을 갖게 되고, 그것이 바로 젊음을 유지하는 비결이다." 이 잡지는 노인들의 적극적인 성생활에 대한 필요성을 강조했다.

도심 맨션에 몰리는
퇴직자 부부들

'정년퇴직 후에도 도심의 활기를 느끼며 살고 싶다.'

과거에는 정년퇴직 하면 자연스레 귀향이나 전원생활을 떠올렸다. 하지만 최근 정년퇴직을 맞이한 일본 단카이 세대는 생각이 많이 다른 모양이다. 2007년부터 정년퇴직을 시작한 단카이 세대는 자신들이 '노인'이라는 테두리 안에 묶이는 것을 단호히 거부한다. 이른바 '퇴직 신인류'로 불리는 이들은 퇴직 후에도 동료들과 함께 취미 생활을 즐기고, 활동적으로 일하고 싶어 한다. 쓸 돈이 있고 건강하며 지적 호기심도 강하다. 일본에서는 이들을 '액티브 시니어'라고 부르기도 한다.

이들은 은퇴 후 생활 터전으로 교외가 아닌 도심을 주저 없이 선택한다. 도심의 문화와 활기를 느끼면서 노후를 보내겠다는 것이다. '도심 아파트 거주파'인 액티브 시니어들이 일본 고령자 주택 시장의 판도를 크게 흔들고 있다.

어느 정도의 금융 자산을 갖추고 생활에 여유가 있는 액티브 시니어가 선택하는 대표적인 거주 형태는 바로 도쿄 등 도심에 위치한 맨션(독립형 아파트)이다. 요즘 도쿄 일대에서 개발되고 있는 맨션 수요층의 상당수가 교외 단독주택을 팔고 도심으로 이사하려는 은퇴 시니어들이다.

이들이 도심을 고집하는 이유는 첫째, 생활 편의시설이 정비되어 있는 곳에서 다양한 도심의 기능을 즐기기 위해서다. 24시간 운영되는 시설이나 편의점에서 언제든 식품이나 잡화를 구입할 수 있다. 또한 세탁, 택배 등의 다양한 생활 지원 서비스를 비롯해 취미를 즐길 수 있는 각종 문화예술시설, 건강 유지를 위한 피트니스센터 등 도심의 기능을 최대한 만끽하겠다는 것이다.

금전적으로 여유가 있는 일부 은퇴 시니어들은 호텔식 레지

2부_신 고령 인류가 바꾸는 새로운 세상

던스에서 유유자적한 생활을 즐기기도 한다. 도쿄에서도 고급 주택지로 소문난 세타가야 세이조가쿠엔마에 역에서 15분만 걸으면 녹음으로 둘러싸인 고급 호텔 같은 '시니어 레지던스'가 한눈에 들어온다. '그랜크레Grancreer'라는 이름이 붙은 이 고급 레지던스는 의료, 요양, 식사 등의 서비스를 제공하며, 프런트 직원이 거주자의 택시 예약까지 대신 해준다.

아침에는 건강 식재료로 만들어진 뷔페식 식사가 준비되고, 점심과 저녁은 두 종류의 정식 메뉴 가운데 하나를 선택해 먹을 수 있게 준비해준다. 시니어의 건강을 고려해 영양사가 칼로리와 영양의 균형을 맞춘 식단을 제공한다. 물론 직접 요리하기를 원하는 거주자는 각 호실에 딸린 부엌을 사용하면 된다. 시설 내에는 의료 클리닉, 건강 상담센터도 있다. 방 하나와 거실, 부엌으로 이루어진 각 호실의 입주 비용은 약 2,600만 엔. 그리고 매월 51만 엔의 임대료를 내야 한다. 중산층 직장인에게는 엄두가 안 나는 금액이지만, 정년퇴직 후 도심에서 유유자적 살고 싶다는 '럭셔리 도심형 시니어'에게는 안성맞춤이다.

자녀 교육비를 대기 위해 어쩔 수 없이 교외 주택에서 살아야 했던 고령 직장인들 중에, 은퇴 후 자녀에게서 해방되자 집을 임대로 내놓고 그 임대 수입으로 도심 맨션의 거주 비용을 충당하는 경우가 늘고 있다. 이런 경향에 따라 은퇴 시니어들에게 교외 주택을 담보로 종신 때까지 자금을 빌려주는 '마이 홈 대출제

도'도 등장했다. 내 집 마련에 집착하지 않는 단카이 세대의 생활
방식을 엿볼 수 있는 대목이다.

자녀와 살기 위해 마련했던 교외 단독주택의 크기를 대폭
줄이고 남은 토지를 임대로 내놓는 시니어들도 있다. 이들은 주
택의 공간을 줄여 청소나 집 관리의 불편함을 해소하고, 광열비
등 생활비도 절약하는 효율적인 라이프스타일을 추구한다. 자동
차를 대형 세단에서 소형으로 바꾸듯, 주택도 라이프스타일에 맞
게 합리적으로 선택하는 것이 은퇴 신인류의 특징이다.

'어디서 사느냐보다 이웃과 함께 취미를 즐기며 교류할 수
있는 커뮤니티가 중요하다.' 지인, 동료들과 함께 활기찬 제2의
인생을 즐기려는 '액티브 시니어'에게는 사는 곳이 그리 중요하
지 않다. 이들이 가진 제2의 인생 목표는 자신이 하고 싶은 취미
를 뜻이 맞는 동호인들과 즐기면서 사는 것이다. 이런 사람들을
겨냥해 등장한 것이 '액티브 시니어 타운'이다. 교외에 위치하지
만, 넓은 부지에 은퇴 시니어들이 각종 취미 생활을 여유롭게 즐
길 수 있도록 모든 환경을 갖춰놓았다.

'노후의 승자'들이
사는 곳

친한파로 한국인에게도 낯익은 하토야마 유키오鳩山由紀夫
전 총리. 그는 자신의 노모를 자택이 아닌 도쿄 시내의 한 노인 요
양시설에 모시고 있다.

"총리까지 지낸 사람이 노모를 시설에 보내다니. 쯧쯧……."

이렇게 반응하면 일본의 노인시설을 몰라도 한참 모르는 것
이다. 하토야먀 전 총리 모친이 입주한 노인 거주시설은 아무나
들어갈 수 있는 곳이 아니다.

'세이로카 레지던스'. 일본의 대표적인 최고급 시니어 거
주시설이다. 이곳에 입주하려면 최소 2억 엔에서 최고 5억 엔의
일시금을 선납해야 한다. 그뿐만이 아니다. 매달 식비를 비롯해
30~40만 엔의 이용료를 내야 한다.

하토야마 전 총리의 노모가 입주했다는 소문이 나면서 세간
의 이목을 끌었던 이곳은 노인 요양시설이라고 부르기에 황송할
정도다. 근처에 있는 세이로카 국제병원과 제휴했다는 점이 세이
로카 레지던스의 최고 매력 포인트다. 병원 전문의들의 최고급
간병 서비스를 받을 뿐만 아니라 전문 스태프가 24시간 상주하면
서 입주자의 식사, 간병, 건강을 세밀히 챙긴다. 입주자와 직원 비
율이 3 대 1이라고 하니 서비스 수준을 짐작할만하다.

돈만 많으면 이런 고급 시설을 이용할 수 있다고 생각하면 오산이다. 엄격한 입주 자격 심사를 거쳐야 한다. 입주 자격이 어떤지 구체적으로 드러나지는 않지만, 전직 총리 가족, 전직 고위 관료, 대기업 최고경영자CEO 등 화려한 '전직 스펙'이 필요하다고 주변 관계자들은 귀띔한다. 대단한 이웃이 많아서인지 수억 엔의 입주금을 내는데도 항상 대기자가 몰릴 정도로 인기가 높다고 한다.

세타가야에 있는 '사쿠라비아 세이조'도 고급 노인시설로 둘째가라면 서러워할 정도로 초호화판이다. 보안업체 세콤과 모리빌딩이 1996년부터 공동으로 운영하고 있는데, 입주 시 일시금은 최고 3억 7,000만 엔. 3,000평 부지에 세워진 이 10층 건물은 시어터 룸, 아틀리에, 전용 전기 가마를 갖춘 도예공작실까지 갖추고 있다. 호화로운 샹들리에가 걸려 있는 로비는 일류 호텔의 로비와 크게 다르지 않다.

전문 스태프가 상주하는 것은 물론이고 인근 도쿄여자의과대학 의사가 진료하는 클리닉 프로그램도 운영한다. 정밀 건강검진도 1년에 두 번 실시한다. 시설 관계자들은 "의료 체제가 충실히 되어 있다는 점 때문에 입주를 결정하는 사람이 많다"고 전한다.

세이로카 레지던스나 사쿠라비아 세이조 정도는 아니지만, 최근 들어서는 시내 중심지에도 고급 노인시설이 잇따라 모습을 드러내고 있다. 일본에서는 이 같은 시설을 '고급 유료 노인 홈'이

2부_신 고령 인류가 바꾸는 새로운 세상

라고 부른다.

도쿄 1등지 롯폰기의 '아리아 롯폰기'가 대표적 사례다. 1인실 입주에 일시금 3,200만 엔, 월 이용료는 30만 엔이다. 총 49개실이 이미 만실이라고 한다. 공동 거실에는 수천만 엔을 호가하는 최고급 브랜드 스타인웨이 앤드 선스Steinway & Sons의 그랜드 피아노가 놓여 있으며, 매달 프로 음악가를 초빙해 콘서트도 연다. 전용 재활실에는 전문 재활사가 상근하며 재활 치료를 하고 있다.

흥미로운 것은 아리아 롯폰기 입주자들 대부분이 도쿄 도심에 자택을 갖고 있는 자산가들이라는 것이다. 보통 자택을 처분하고 그 돈으로 노인시설에 입주하는데, 이들은 워낙 돈이 많다 보니 노인 홈을 호텔식으로 활용하는 것이다. 자택과 호텔식 노인 홈을 오가면서 화려하고 풍요로운 노후 생활을 만끽하고 있다. 이들이야말로 노후의 최고 승자 그룹인 셈이다.

기업 '시니어 시프트' 사례

일본 편의점에는 있고,
한국 편의점에는 없는 것

일본 편의점에는 있고, 한국 편의점에는 없는 것이 세 가지 있다. 그것은 바로 간병 상담사, 성인용 기저귀, 조제약이다. 이 세 가지 상품의 공통점은 '고령자 맞춤형'이라는 것이다.

초고령사회 일본에서는 요즘 고령 고객을 잡기 위한 편의점들의 마케팅 경쟁이 치열하다. 편의점의 '시니어 시프트senior shift'가 속도를 내고 있는 모습이다. 시니어 시프트란 소비 시장이나 기업 비즈니스의 타깃이 기존 젊은 세대 위주에서 중장년층 고령자로 대거 이동하고 있는 현상을 말한다.

일본 편의점 가운데 시니어 시프트에 가장 적극적인 곳이

2부_신 고령 인류가 바꾸는 새로운 세상

'로손'이다. 로손의 시니어 시프트 핵심 전략은 두 가지다. '케어 care 로손'과 '헬스 케어health care 로손'. 지역의 고령 주민들을 위한 '간병 지원'과 '건강 증진'을 편의점의 핵심 경쟁력으로 삼겠다는 것이다.

먼저 '케어 로손' 전략을 살펴보자.

2015년 도쿄 근교 사이타마 시 중심가에 이색적인 로손 편의점이 등장했다. 일반 편의점에서는 볼 수 없는 편의점 내 '간병 상담 창구'가 사람들의 이목을 집중시켰다.

로손은 지역의 전문 간병 사업자와 업무 제휴를 통해 편의점 안에 간병 상담 창구를 만들고, 여기에 간병 전문가를 상주시켰다. 간병 전문가는 고령 고객을 대상으로 성인용 기저귀 선택 요령에서부터 간병식과 간병 용품 추천은 물론, 심리 상담까지 제공한다. 또 간병 플랜에 관한 조언을 하거나, 고객이 원하면 간병보험 서비스를 소개해주기도 한다.

케어 로손은 성인용 기저귀, 구강 건강 용품, 세정 용품, 속옷, 간병 식품 등 간병 관련 상품을 70가지 이상 구비하고 있으며, 간단한 조리만으로 식사가 가능한 간편식과 노인들의 추억을 불러일으키는 과자도 판매하고 있다. 고령자가 부담 없이 움직일 수 있도록 동선을 배려해 휠체어가 지나다닐 수 있을 만큼 진열대 간 간격을 넓혔고, 전용 카트도 제공하고 있다. 화장실에도 고령자를 위한 손잡이를 설치하고 문턱을 없애는 등의 배리어 프리 디자인을 적용했다.

　케어 로손은 편의점 내에 지역 노인들의 커뮤니티 거점인 '시니어 살롱'이라는 공간도 제공하고 있다. 이곳에서는 쇼핑한 음식을 먹을 수 있고, 다양한 건강 측정기가 있어 자유롭게 혈압이나 체지방을 측정할 수 있다. 지자체가 발간하는 정보지를 비치해놓아 지역의 다양한 정보도 얻을 수 있다. 지역의 간병 거점이 되고 있는 '케어 로손'은 현재 일곱 곳이 운영되고 있는데, 로손은 앞으로 30개 점포까지 늘릴 계획이다.

　다음은 '헬스 케어 로손' 전략이다.

　헬스 케어 로손은 일반 편의점 기능을 하는 동시에 의약품과 건강 관련 잡화, 건강 보조식품, 기능성 뷰티 상품까지 건강 관련 상품을 다양하게 판매하고 있는 것이 특징이다. 이곳에서 판매되는 고령자 건강 관련 상품은 1,500~2,000개에 이른다. 헬스 케어 로손은 시니어를 주 대상으로 한 것은 아니지만, 다양한 의약품이 구비되어 있어 구매가 편리하다는 점 때문에 지역 노인들로부터 높은 지지를 얻고 있다.

　매장 내에 조제약국을 함께 운영하는 점포도 인기가 높다. 2010년 도쿄 중심가에 1호점 오픈을 시작으로 2017년 50개의 헬스 케어 점포가 영업 중이다. 흥미로운 것은 이 편의점 내 약국 이용자의 70퍼센트가 다른 상품까지 함께 구매한다는 점이다. 약을 조제하는 동안 다른 잡화를 구입하는 동반 구매 효과를 보여

주고 있는 것이다.

헬스 케어 로손은 또 2~3개월에 한 번 '건강 페어' 이벤트를 실시해, 생활 습관이나 폐 연령, 골밀도 측정 등 간이 건강검진 서비스를 무료 혹은 저렴한 비용에 제공하고 있다. 그뿐만 아니라 간병식 연구회, 노르딕 워킹 교실 등 다양한 건강 기획 이벤트도 수시로 열고 있다. 이처럼 지역 고령 주민들의 건강을 지원하는 장소로서 존재감을 과시하는 케어 로손 고객의 3분의 1이 60세 이상 중장년층이다. 매출도 일반 편의점 로손 때보다 10퍼센트 이상 증가한 것으로 나타났다.

고령자 사로잡는 쇼핑몰, '상품이 아니라 시간을 판다'

'이온AEON'이라는 일본의 유통회사가 있다. 일본 전역에서 소매 마트를 비롯해 쇼핑몰, 편의점 등을 운영하는 대형 유통 그룹이다. 최근 이 회사의 한 쇼핑몰이 인근 지역 시니어 고객들의 발길을 사로잡고 있다.

도쿄의 동쪽 가사이라는 곳에 위치한 '이온 가사이점'. 이온 가사이점의 주요 고객은 50대 이상 시니어로, 전체 고객의 40퍼센트를 차지한다. 이곳이 시니어 비즈니스의 성공 모델로 평가받고 있는 것은 이온 그룹의 독특한 시니어 마케팅 전략 덕분이다.

대체 어떤 서비스로 그 까다롭다는 시니어들이 지갑을 열게 하는 걸까? 결론부터 이야기하면 상품이 아니라 '경험과 시간'을 판다. 쇼핑몰이라는 공간에서 다양한 체험 서비스를 제공해 시니어 고객들이 즐거운 시간을 보낼 수 있도록 하는 것이다. 시니어들이 다양한 체험을 하다 보면 쇼핑몰에 머무는 시간이 늘어날 것이고, 자연스럽게 매장의 상품과 서비스 매출로 이어진다는 발상이다.

이온 그룹은 이를 '물건 소비형'에서 '시간 소비형'으로의 전환이라고 설명한다. 이온 가사이점의 캐치프레이즈는 "시니어 고객에게 '나를 즐기는 장소'를 제공한다"이다.

'시간을 파는' 이온의 서비스는 'G.G몰'이라 불리는 쇼핑몰 맨 위층(4층)이 중심 역할을 한다. 'G.G'는 '그랜드 제너레이션grand generation'의 줄임말로, 일본의 한 유명 방송작가가 55~69세 장년층을 위엄 있는 최상층grand 세대라는 뜻을 담아 'G.G 세대'라고 명명한 데서 따온 것이다.

G.G몰에는 문화교실, 피트니스 스튜디오, 카페, 서점, 펫·수공예 관련 매장 등 다양한 체험형 매장이 집결해 있다. 펫 전문점인 '이온 펫', 취미교실인 '이온 컬처 클럽' 등 대부분 이온 그룹 자회사가 운영하는 전문점들이다.

G.G몰을 구체적으로 소개하면 이렇다.

몰 한가운데에 널찍한 테이블들이 놓여 있는 카페 '코우안 kou-an'이 있다. 이 카페를 중심으로 주변에 다양한 취미를 즐길 수 있는 컬처 클럽이 위치한다. 앉아서 책을 읽을 수 있는 서점이 있으며, 함께 온 반려동물과 쉴 수 있는 펫 관련 전문점도 있다. 여성 시니어 고객을 위한 피트니스 클럽, 365일 다양한 공연이 펼쳐지는 이벤트 홀까지, 특별히 물건을 사거나 쇼핑을 하지 않아도 고객들은 하루 종일 즐거운 시간을 보낼 수 있다. 사실상 '시니어 아지트'다. 최근에는 퇴직한 베이비부머가 몰려들면서 G.G 몰이 은퇴 남성들의 지역 커뮤니티 장으로서의 역할까지 하고 있다고 한다.

컬처 클럽에서는 매달 150여 개의 강좌가 열린다. 어른들의 클래식 발레, 건강 체조, 50세부터 시작하는 중국어, 건강 마사지, 장기, 바둑, 스타 소믈리에가 안내하는 세계 와이너리 탐방, 수제 소바(메밀 면) 제조법 등등……. 악기 전문점은 악기 판매는 물론 음악 스튜디오를 제공하고 음악교실도 운영하고 있다. 스튜디오에서는 중장년 남성 아마추어 밴드 공연이 열리기도 한다. 이 같은 체험 공간은 새로운 매출을 창출한다. 예를 들어, 수공예 강좌에서 수공예에 대한 관심이 높아지면 같은 층에 있는 수공예 전문점에서 관련 재료를 구입하는 식이다.

카페 코우안은 인근 시니어들의 '휴게실'로 인기가 높다. 가족이나 반려동물과 함께 커피나 차를 즐길 수 있도록 테이블 사이에 충분한 여유 공간이 확보되어 있다. 특히 카페에서는 태블릿 단말기를 무상으로 대여해주는 서비스도 하는데, 이 단말기로 매장 이벤트나 할인 상품 등의 정보를 파악할 수 있고, 전자서적을 읽거나 요리 레시피 열람도 가능하다. 펫 전문점에서 펫용 음식을 구입해 카페에서 함께 식사를 할 수도 있다.

이온 가사이점에는 또 하나의 매력적인 서비스가 있다. 고객들의 개별적인 구매 상담에 대응하는 개인비서 서비스 '콘세르주'다. 특별연수를 받은 여덟 명의 콘세르주가 상주하면서 1인당 하루 20명 이상을 접객하고 있다. 콘세르주는 고객들의 다양한 의견을 들어 새로운 서비스를 제안하는 역할도 한다.

G.G몰에는 공공요금 수납대행, 가사대행, 관혼상제 상담 등 고객들의 일상생활을 지원하는 '서비스 스테이션' 코너도 마련되어 있다. 고령 고객들이 이곳에서 일상의 과제들을 해결할 수 있도록 배려한 것이다.

'시니어 아지트'가 된 가사이점은 2013년 5월 전면적으로 리뉴얼했는데, 매출이 리뉴얼 이전보다 1.7배 정도 늘었다고 한다. 주목할 것은 고객 1인당 매출이 증가했다는 점이다. 이는 매장 내에 머무는 시간이 길어지면서 고객들이 더 많은 돈을 소비했다는 것을 방증해준다.

이온 가사이점 측은 "과거에는 1층 식품점에는 고객들이 붐비지만 이들이 좀처럼 위층으로 올라가지 않아 쇼핑몰의 전체 매

이온 가사이점 G.G몰의 콘세르주가 시니어 고객을 안내하고 있다 • 출처: 이온 제공

출이 증가하지 않았다. G.G몰의 도입으로 4층의 컬처 클럽 수강
생들이 귀가할 때 1층 식품점에 들러 저녁거리를 사 가는 등의
'샤워 효과'가 나타나고 있다"고 강조한다.

고령 고객이 60퍼센트, 이 백화점의 비밀은?

도쿄 신주쿠에 있는 게이오京王 백화점은 시니어의 발길을 사로잡는 곳으로 유명하다. 백화점 전체 고객의 86퍼센트가 50세 이상이고, 65세 이상 고령 고객이 60퍼센트나 된다. 이 백화점에서는 노인들이 지팡이를 짚고 쇼핑하는 풍경이 낯설지 않다. 휠체어가 필요한 노인 고객도 많아 1층 휠체어 대여 코너가 항상 붐빈다. 그래서 게이오 백화점을 '시니어 아지트'라고 부르기도 한다.

게이오 백화점은 어떻게 고령 고객들의 마음을 사로잡았을까? 핵심은 고령 고객을 위한 세심한 배려다. 고령자가 선호하는 상품 위주로 매장을 구성하는 것은 물론이고, 널따란 엘리베이터, 매장의 키 낮은 의자들, 화장실의 안전손잡이 같은 작은 시설 하나하나까지 '고령자 맞춤형'으로 설계해놓았다.

2016년 8~9월, 게이오 백화점은 1층 화장품 매장을 전면 리뉴얼했다. 시니어들이 자주 찾는 안티에이징 제품을 전면에 배치하는가 하면, 매장 의자의 높이를 15~20센티미터 낮췄다. 키 작은 여성 고령자들이 편하게 이용할 수 있도록 배려한 것이다. 스킨케어 서비스 코너도 고령 고객을 위해 높이가 낮고 전동으로 움직이는 침대로 모두 교체했다.

게이오 백화점이 고령자 맞춤형으로 변신을 꾀한 것은

1990년대 후반. 당시는 일본의 고령화가 막 속도를 내던 때다. 일본은 2000년 독일, 이탈리아 등 서구 선진국들을 제치고 고령화율 세계 1위 국가로 올라섰다. 앞으로 백화점의 주 고객은 시니어가 될 것이라고 예상한 게이오 백화점은 과감히 고령자 백화점으로 특화한 것이다.

이 백화점의 계단 손잡이 높이는 65센티미터다. 일반 백화점 손잡이 높이인 85센티미터보다 20센티미터가 낮다. 또 계단 양쪽에 손잡이가 설치되어 있다. 부인복 진열대 옷걸이 높이 기준도 150센티미터로 낮게 설정해놓고 있다. 고령 고객을 포함한 키 작은 여성 고객들이 좀 더 편하게 매장을 둘러볼 수 있도록 배려한 것이다.

이 백화점의 엘리베이터는 화물용 승강기처럼 넓다. 휠체어를 탄 고령 고객들을 위한 조치다. 문이 열리고 닫히는 간격도 보통 엘리베이터가 5초인 데 비해 16초나 된다. 에스컬레이터도 느리게 움직인다. 백화점 곳곳에는 쇼핑을 하면서 쉴 수 있는 휴식 공간이 설치되어 있다.

게이오 백화점의 고령자에 대한 배려는 편의시설을 제공하는 데서 그치지 않는다. 물건을 팔고 끝나는 것이 아니라 계속해서 고객들의 이야기를 들어주고 공감해주는 데까지 힘을 쏟고 있다. 매장 직원을 50대 이상 중년 여성으로 배치한 이유가 거기에 있다. 고객과의 커뮤니케이션은 상품 판매 이후에도 이어지는데,

고령 고객의 생일 같은 특별한 날에 점원이 직접 마음을 담아 감사의 편지를 전달한다고 한다.

게이오 백화점의 회원 서비스는 '게이오 친구회'라는 이름으로 운영된다. 회원이 10만여 명이나 되는데, 대부분 60대 고객이다. 매월 일정 금액을 적립하면 1년 후 1개월분 보너스 포인트가 주어지기도 한다. 회원들끼리는 스스로를 '고객'이 아니라 '팬'이라 부른다.

일본에서는 인구 고령화의 영향으로 제품과 서비스가 시니어 중심으로 재편되는 '시니어 시프트'가 활발히 진행 중인데, 게이오 백화점이 그 대표적인 사례라고 할 수 있다. 게이오 백화점의 2014년 매출 870억 엔 가운데 70퍼센트를 50대 이상 고객이 메우고 있다.

일본 언론들은 게이오 백화점 같은 고령자 맞춤형 백화점이 앞으로 늘어날 것으로 전망한다. '미쓰코시 이세탄三越勢丹' 백화점은 '메종 더 우먼'이라는 고령 여성 고객을 대상으로 한 브랜드를 선보였고, '다이마루 마츠자카야大丸坂屋' 백화점은 시니어 전용 층을 설치해 고령 고객 유치에 힘을 쏟고 있다.

닛세이 기초연구소는 60세 이상 고령자가 쓰는 돈이 연간 100조 엔에 달하는 것으로 추산한다. 이 규모는 앞으로 매년 1조 엔씩 늘어 2030년에는 고령자가 일본 전체 소비의 절반을 차지할 것으로 이 연구소는 전망했다.

2.5밀리미터 초박형,
진화하는 성인용 기저귀

'2.5밀리미터의 초박형, 24시간 연속 탈취, 속옷 같은 착용감……'

일본의 성인용 기저귀 시장이 첨단기술 경쟁으로 뜨겁게 달아오르고 있다. 해당 업체들은 '최대한 얇고 안 입은 듯 편안한 기저귀'라면서 앞 다퉈 신제품을 내놓고 있다. 착용감을 획기적으로 개선하기 위해 첨단소재가 활용되는가 하면, 24시간 지속되는 탈취 기능까지 등장했다. 성인용 기저귀 시장이 빠르게 진화하고 있는 모습이다.

성인용 기저귀의 진화는 건강한 고령자, 이른바 '액티브 시니어'들의 마음을 사로잡으려는 업체들의 치열한 경쟁으로 가속도가 붙었다. 업계에서는 액티브 시니어가 성인용 기저귀 시장의 최대 고객이 될 것이라 전망하고 있기 때문이다.

문제는 액티브 시니어 대부분이 스스로를 노인이라고 생각하지 않기 때문에 기저귀 등 이른바 노인 간병 용품을 사용하는 데 대한 심리적 저항감이 크다는 데 있다.

"그래도 그렇지, 내가 기저귀를?"

"기저귀 차는 것을 혹시 남이 눈치 채기라도 하면……"

대부분의 건강한 고령자들은 생각만 해도 끔찍하다며 고개를 가로젓는다.

관련 업체의 최근 조사에 따르면, 실제 요실금 증상이 있는 인구 710만 명 가운데 성인용 기저귀를 이용하는 사람은 약 20퍼센트에 그치는 것으로 나타났다. 나머지 80퍼센트는 요실(소변 유출)의 위험이 있는데도 체면 때문에 방치하고 있다는 이야기다.

관련 업체들이 주목한 것이 바로 이 80퍼센트의 잠재 고객층이다. 이들이 느끼는 저항감을 없애기만 하면 최대 고객으로 끌어들일 수 있다는 것이다. 최근 성인용 기저귀 시장의 기술 경쟁 바람은 한마디로, 마음만은 젊은이 못지않은 시니어들의 체면을 지켜주기 위한 노력이라고 할 수 있다.

따라서 최근 성인용 기저귀 시장의 핵심 키워드는 '초박형'으로 집중되고 있다. 기저귀 두께를 최대한 얇게 함으로써 착용했을 때 겉옷 밖으로 표가 나지 않게 하는 것이다. 남들이 눈치 채지 못하게 감쪽같이 이용할 수 있어야 한다는 점이 최대 관건이다. 또 초박형으로 얇아진 만큼 흡수력을 높이기 위한 다양한 기술이 동원되고 있다.

그중에서도 눈에 띄는 것은 남성용 요실금 패드 시장의 급성장이다. 생리 용품을 사용해왔던 여성과 달리 남성은 패드 사용에 대한 저항감이 크다. 이런 점을 감안해 업체들이 초박형 남성용 패드를 출시했는데, 이 제품들이 좋은 반응을 얻고 있다고 한다. 최근에 나온 패드 제품은 두께가 2.5밀리미터까지 얇아졌다.

남성용 요실금 패드 시장 규모는 2015년 말 기준 약 10억 엔으로, 2014년 4월에 비해 약 네 배 증가한 수치다. 요실금 증상이 있으면서도 패드 사용을 거부하는 남성들이 약 130만 명이나 되는 것으로 추산되고 있어 남성용 요실금 패드 수요는 갈수록 늘어날 전망이다.

착용감 또한 중요한 키워드다. 업체들은 부드러운 신축 소재를 사용해 피부에 닿는 느낌을 속옷 수준으로 끌어올렸다. '속옷보다 더 감촉이 좋은 제품'이라며 홍보에도 열을 올리고 있다.

여기서 기술적인 이야기를 좀 하자면, 종래의 종이 기저귀는 두 장의 부직포를 실고무로 고정해왔는데, 이런 방식은 부직포 사이에 공간이 생겨 울퉁불퉁한 감촉이 느껴질 뿐만 아니라 겉옷에 그 형태가 그대로 드러난다. 다이오大王제지는 이 같은 문제점을 해결하기 위해 신축성이 높은 필름 소재를 개발해 실고무 대신 초음파를 이용해 면과 면을 부직포로 고정함으로써 울퉁불퉁한 느낌을 해소했다. 통기성 문제는 직경 1밀리미터의 미세한 구멍을 필름 전면에 뚫어 해결했다.

업체들은 또 착용자의 심리적 저항감을 줄이기 위해 제품 이름에 '기저귀'라는 단어 사용을 금기시하고 있다. 대신에 '속옷', '스포츠 팬티' 등의 상품명을 써서 제품을 구입할 때 체면을 구기지 않도록 배려했다.

탈취 기능도 사용자들이 크게 신경 쓰는 부분 중 하나다. 때문에 업체들은 탈취력을 높이기 위해 자체 기술 개발에 매진하고 있는데, 일본의 대표적인 성인용 기저귀 업체인 가오花王는 '녹차향 탈취', '트리플 탈취'라는 기능 제품을 출시했고, 또 다른 대표 업체인 유니참은 '24시간 지속 탈취 기능'을 선보여 시니어들의 이목을 끌고 있다.

종이 기저귀 등 요실금 관련 제품 시장 규모는 1,062억 엔(2015년 기준)으로, 10년 전에 비해 두 배나 증가했다. 여기에 건강한 시니어들까지 대거 합류하게 되면 시장 규모는 급속도로 커질 전망이다.

화장의 즐거움에 빠진
치매 할머니들

'치매 할머니, 화장으로 기저귀를 떼다.'

1990년대 중반, 일본의 한 지방 언론에 소개된 기사가 세간의 관심을 끌었던 적이 있다. 도쿠시마 현의 한 노인 요양시설에서 고령 여성들을 대상으로 화장을 통한 심리치료 실험을 했는데 효과가 좋았다는 게 기사의 내용이다. 화장품회사 시세이도와 현지 병원의 협력하에 이루어진 이 실험에서 90퍼센트 이상의 할머니가 표정이 밝아지고, 한 치매 할머니는 화장 치료 후 기저귀를 떼고 웃는 얼굴로 남들과 대화까지 할 수 있게 됐다는 후담도 있었다.

당시는 일본이 고령화의 심각성에 주목하지 않을 때여서 화장 치료는 이후 별 관심을 끌지 못했다. 그러다 최근 노인 요양시설 등의 간병 현장에서 '메이크 세러피make therapy(화장요법)'라는 이름으로 다시 주목을 받고 있다. 메이크 세러피는 심리 카운슬링 기법과 화장을 조합한 요법을 말하는데, 화장으로 기분을 차분히 가라앉히거나 반대로 고양함으로써 정신적 치료 효과를 기대하는 것이다.

시세이도는 2013년부터 전국의 노인 요양시설, 데이케어센터 등에 화장요법 정규 강좌 등을 개설하면서 메이크 세러피를 전파하기 시작했다. 강좌 이름은 '생기발랄 미용교실'. 2016년까지 400개 정도의 노인시설에서 약 2,500회의 강좌가 열려 3만 명이 넘는 고령 여성이 이 화장요법 강좌를 받은 것으로 추산되고 있다.

화장요법의 효과는 크게 네 가지로 정리된다.

가장 큰 효과는 화장을 하지 않던 고령 여성들이 화장을 함으로써 긍정적인 마음을 되찾는다는 것. 매일 피부 관리를 하며 자신에 대한 관심을 높이고 긍정심을 강화하는 효과가 있다는 것이다. "예뻐졌네요."라는 즉각적인 주변의 반응이 나타나는 것도 화장요법의 장점이라고 한다.

화장의 순서를 생각하는 것, 또는 화장을 하는 과정에서 손에 느끼는 촉감은 뇌에 좋은 자극이 되는데, 치매 예방 효과까지 기대할 수 있다. 화장을 하면서 손가락이나 팔 등을 움직이다 보면 악력과 팔 근력이 강화된다. 화장이 신체에 주는 부하는 식사할 때의 움직임에 비해 두세 배나 된다는 조사 결과도 있다. 또 피부 손질은 타액선을 자극해 입을 건강하게 해주는 '구강 케어' 효과도 기대할 수 있다고 한다. 미즈호 정보총합연구소는 화장요법으로 간병 비용을 1인당 연간 1만 5,000엔 정도까지 줄이는 것이 가능하다는 보고서를 내놓기도 했다.

화장요법의 효과가 확산되면서 일부 간호대학에서는 메이크 세러피를 간호사 소양을 위한 정규 과목으로 채택하는가 하면, 민간 메이크 세러피 살롱도 많이 생겨나고 있다. 일본 정부도 메이크 세러피를 노인의 건강수명을 늘려주는 유망 사업으로 지정해 지원하고 있다.

전문가들은 초고령화 시대에 화장이 단순한 미용 수단을 넘어 사회와의 연결을 지속시켜주는 소중한 고리가 될 수 있음을 강조한다. 자신감 상실로 사회에서 고립되면 마음에 병이 드는 것은 물론 신체 기능까지 약해지는 악순환을 낳기 때문이다. 화장요법이 이런 악순환을 막아주는 효과적인 수단이 될 수 있다는 사실에 주목할 필요가 있을 것 같다.

행복한 노인을 만드는
'효도 비즈니스'

(평균수명 - 부모의 나이) × 1년에 부모와 만나는 횟수 = ?

답은 사람마다 다를 것이다. 하지만 1년에 몇 번밖에 부모 얼굴을 못 보는 사람들은 위 질문에 스스로 답해보면서 '작은 쇼크'를 받는다. 부모가 살아 계시는 동안 부모 얼굴을 볼 기회가 생각보다 적기 때문이다.

일본의 한 주간지가 '지금 부모님에게 해드리고 싶은 일'이라는 기획 기사를 게재하면서 이 같은 공식을 선보여 눈길을 끌었다. 남자의 평균수명이 80세라고 할 경우, 자신의 아버지 나이가 70세라면 '앞으로 10년간은 아버지를 만날 수 있다'고 생각할지도 모른다. 하지만 이는 오산이다. 위 공식에 따르면, 부모를 만나는 횟수가 1년에 다섯 번일 경우, 앞으로 아버지 얼굴을 볼 수 있는 기회는 50번에 불과하다.

유교 문화가 깊숙이 침투하지 않은 탓에 일본인들의 윗사람에 대한 태도는 우리보다 자유로운 편이다. 하지만 최근 인구 네 명 중 한 명이 65세 이상일 정도로 고령화가 심각해지면서 윗사람에 대한 인식의 대전환이 요구되고 있다. 고령자를 '타인의 노인'이 아닌 '자신의 부모'로 바라보자는 시각이다. 고령자 문제를 국가 차원의 복지가 아니라, 개인의 부모에 대한 효도라는 관점에서 접근하자는 이야기다.

이 같은 생각이 확산되면서 일본에서는 최근 '효도 비즈니스'가 새로운 조명을 받고 있다. 일본인들의 효도론에는 다소 계산적인 생각도 들어 있다. 부모가 치매에 걸리거나 자리에 드러눕게 되면 본인의 일상에 타격을 받을 수밖에 없다. 따라서 부모가 건강할 때 하는 효도는 자신의 생활을 지키기 위한 중요 요소가 된다는 것이다.

하지만 '어떻게 효도할 것인가'라는 질문에 곧바로 답변할 수 있는 일본인들은 의외로 많지 않다. 무엇을 해드리면 부모가 기뻐할지 감이 잡히지 않는다는 것이다. 이에 이 주간지는 '부모님이 돌아가시기 전에 해드리고 싶은 다섯 가지'라는 기사를 통해 일본의 중년층에게 '효의 길'을 제시했다. 바쁜 생활에 쫓겨 부모와의 관계가 예전 같지 않은 한국의 중년 남성들도 일본인의 효도 매뉴얼을 살짝 응용해보는 것도 좋을 듯싶다.

첫째, 집에만 있는 부모님을 세상 밖으로 끌어내는 것이다. 가장 좋은 수단은 역시 여행이다. 부모와 자식이 함께하는 여행이라면 더욱 좋다. 그런데 건강이 여의치 않거나, 노환으로 몸이 불편한 부모님을 모시고 있는 경우는 어떨까? 그럴 때 여행은 무리라고 단정하는 것은 성급하다. 몸이 불편한 고령자를 위한 다양한 여행 상품이 마련되어 있기 때문이다.

일본의 대표적 여행사 'JTB', 긴키 일본철도 계열사 '클럽 투어리즘' 등이 여행 상품으로 내놓은 '고령 부모를 위한 여행'에는 항상 특별 도우미들이 함께한다. 트래블 헬퍼, 트래블 서포터 등으로 불리는 여행 보조원을 말하는데, 이들은 요양 자격증을 보유한 베테랑이다. 긴급 사태를 대비할 수 있어 고령 고객이나 자녀들도 안심할 수 있다.

여행사들은 또 고객이 고령자이니만큼 숙박지 선정에 많은 신경을 쓴다. 고령 고객들의 지병과 건강 상태에 맞춘 식단이 가능한지, 방에서 대중 욕탕까지의 이동이 편리한지, 엘리베이터가 있는지 등을 세심하게 살핀다. 기념촬영 서비스도 제공된다. 최근이 같은 고령자 여행 상품의 수요가 크게 늘고 있는데, 경험자들은 대부분 "무리를 해서라도 오길 잘했다"고 입을 모은다고 한다.

부모의 출생, 유소년기, 청춘, 결혼, 일 등의 일대기를 단편영화로 제작해주는 효도 상품도 눈길을 끈다. '부모들의 네트워크'가 제공하는 영화 제작 서비스 '부모와 가족 이야기'가 그것이다. 영화는 20분 정도로 구성되는데, 부모뿐 아니라 가족이 모두 참여한다.

프로 내레이터를 포함한 제작진이 꼼꼼한 취재를 통해 스토리를 작성하고, 가족 구성원을 인터뷰한다. 또한 앨범에 있는 수많은 사진 중에서 인생의 하이라이트만을 골라 영화에 싣는다. 부모들은 영화에 출연하면서 본인의 인생을 되돌아보고, 가족들도 부모님을 더욱 잘 알게 돼 가족 간의 정도 돈독해진다고 한다.

IT 기기를 활용해 할머니, 할아버지와 손자, 손녀를 이어주는 효도 매뉴얼도 있다. 손주가 스마트폰으로 전화를 걸고, 할아버지가 태블릿 PC로 받는다. 할아버지의 태블릿 PC에는 손주의 웃는 얼굴이 선명하다. 영상 통화이지만 전화비는 무료다. 회원 간 무료 전화 소프트웨어인 스카이프 앱을 내려받아 통화하기 때문이다. 할아버지는 손주의 얼굴만 봐도 마냥 기쁘다. 고령자들이 첨단 IT에 대해 갖는 거부감도 이제는 대부분 사라졌기 때문에 멀리 사는 손주와 얼굴을 맞대고 이야기하는 것도 그리 어색하지 않다.

이처럼 일본에서는 노부모에게 IT 기기를 선물해 익숙해지도록 함으로써 가족 간 소통의 도구로 활용하려는 사람들이 늘고 있다. 이에 파나소닉은 세계 최초로 스카이프로 무료 통화가 가능한 TV를 선보였다. 최대 이점은 대형 고화질 영상으로 영상 통화가 가능하며, 스카이프 회원끼리 통화하면 무료라는 것이다. 디지털 기기를 잘만 활용하면 부모와 자식 간의 물리적 거리를 좁힐 수 있어 부모들에게 정서적인 안정감을 선사해줄 수 있다고 한다.

또 노인들을 상대로 한 보이스피싱 같은 통신 사기를 막기 위해 3자 통화가 가능한 디지털 기기도 등장했다. NTT는 일반 전화기에 연결하는 것만으로 3자 통화가 가능한 기기를 선보였다. 터치 패널 방식인 이 기기를 통해 통화 중에도 필요하면 언제든 자녀를 불러내 함께 통화할 수 있다. 보이스피싱 사기를 사전에

막을 수 있는 효자 아이템이 아닌가 싶다.

이 밖에 젊었을 때 형편상 결혼식을 올리지 못한 부모들에게 자녀들이 '늦은 결혼식'을 올려주는 효도 상품도 인기다. 실제로 친척들을 불러 진짜 결혼식을 올리기도 하고, 웨딩드레스를 입고 결혼식 사진만을 찍는 작은 결혼식을 하기도 한다.

그러나 그 무엇보다도 최고의 효도는 부모님을 모시고 사는 것. 한국보다 핵가족화가 훨씬 일반화되어 있는 일본이지만, 최근 들어 부모와 동거하는 사례가 늘고 있다. 사회의 기본 단위인 가족이 함께 산다는 것 자체가 구성원들에게 든든한 버팀목이 된다는 게 동거의 이유다. 특히 대가족만이 누릴 수 있는 손자, 손녀들을 위한 안정된 가정교육 환경도 최대 장점이다. 물론 한 지붕 아래 동거는 하지만 기본적으로 욕실과 식사 등은 별도다. 한국의 정서로는 이해가 안 되는 부분도 있지만, 일본만의 '동거 규칙'이라고 할 수 있다.

추억과 취미를 파는
고령자 비즈니스

50조 엔. 2007년부터 3년간 현직을 떠난 일본 베이비부머들에게 지급된 퇴직금 규모다. '단카이 세대'로 불리는 이들의 수는 680만 명. 건강과 자금력, 고학력까지 겸비한 이들은 적극적인 소비 성향을 지니고 있다. 자녀에 얽매이기보다 자신의 보람된 인생을 위해서라면 주저 없이 지갑을 연다. 기업들은 이 매력 덩어리 세대의 눈길을 사로잡기 위해 어떤 노력을 하고 있을까? 또 단카이 세대의 지갑을 여는 상품과 서비스는 무엇일까?

'눈높이 상품'을 만들어라

2010년 8월, 일본의 대표 가전업체인 미쓰비시三菱 전기는 단카이 세대 등 '신흥 고령자'를 겨냥한 가전제품을 야심차게 공개했다. 제품은 조금 특별한 기능을 탑재한 디지털 TV, 냉장고, 에어컨. 특별한 기능이란 첨단 가전제품을 쉽게 사용할 수 있도록 미쓰비시 전기가 고령자를 위해 개발한 기술로, '수월수월 도우미(라쿠라쿠 어시스트)'라고 부른다.

먼저 냉장고. 이 특별한 냉장고는 식품을 그대로 올려놓은 채 맨 위쪽 단을 회전시킬 수 있다. 최상단 뒤쪽에 위치한 식품을 손쉽게 꺼낼 수 있게 한 장치다. 오전에는 버터나 잼을 앞에 배치해놓고, 저녁에는 수평으로 180도 돌려 맥주를 앞쪽에 진열할 수 있다. 미쓰비시 전기는 고령자를 배려한 이 기발한 아이디어 상품을 단카이 세대에게 열심히 어필하는 중이다.

에어컨의 경우에는 리모컨에 특수 기능을 장착했다. 에어컨 리모컨에 3.5인치 모놀로그 액정 패널을 장착해 사용자들이 보기

2부_신 고령 인류가 바꾸는 새로운 세상

편하게 만들었을 뿐 아니라, 사용자가 리모컨에 21가지 상태를 등록하고 그때그때 기분에 맞춰 지시하면 에어컨이 자동으로 반응하는 '쾌적 선택 시스템'을 도입한 것이다. '피부에 보습을', '빨리 시원해졌으면' 등 소비자의 세세한 요구까지 배려한 특수 기능이다. 미쓰비시 전기 관계자는 "일본은 초고령사회에 진입했다. 단카이 세대 등 시니어 계층에 눈높이를 맞춘 새로운 상품과 서비스를 개발하는 데 노력을 집중할 때"라고 말한다.

추억을 파는 '8밀리 영화'

8밀리 필름에 대한 추억을 갖고 있는 단카이 세대를 중심으로 과거의 영상을 DVD 등으로 보존하려는 수요가 늘고 있다. 8밀리 필름 전문점인 '로직 팩토리'에는 8밀리 영상을 DVD로 변환해달라는 의뢰가 급증하고 있다고 한다.

영상 변환을 요청하는 사람은 대부분 50~60대. 로직 팩토리 관계자는 "고객이 주로 단카이 세대이며, 그들은 중학교와 고교 축제에서 만들었던 8밀리 영상을 동창회에서 다 같이 보고 싶다는 이유로 필름을 내놓는다"고 전한다.

8밀리 영상은 8밀리 폭의 필름으로 약 3분간 녹화와 녹음을 한 것이다. 필름을 끊어 붙이는 방식으로 자유롭게 편집도 할 수 있다. 1960~1970년대 가정용으로 보급됐지만, 1980년대 후반에 등장한 가정용 비디오에 그 자리를 빼앗겼다.

추억의 영상을 보고 싶어 하는 고령자들이 늘자, 몇몇 박물관과 단체에서는 각 가정의 서랍에 잠들어 있는 8밀리 필름을 복원하려는 움직임을 보이고 있다. 향토사 자료로 보존하거나 추억의 영화를 즐기려는 수요를 충족시키기 위해서다. 도쿄의 한 신사神社에서는 2010년 8밀리 필름 상영회가 열렸는데, 인근에 사는 젊은 세대와 고령자 100여 명이 운집했다. 또 가와사키 시 시민 박물관은 가정과 기업에서 촬영된 8밀리 필름을 제공받아 디지털 영상으로 보존하는 작업을 진행 중이다.

추억이 담긴 음악 CD와 DVD도 고령자에게 인기 있는 상품이다. 1만 엔이 넘는 고가 상품도 잘 팔린다고 한다. 고객층은 주로 60대. 추억은 돈으로도 살 수 없다고 누가 그랬던가? 추억을 회상할 수 있는 제품에는 '큰돈'을 선뜻 내놓는다.

비틀스 멤버인 폴 매카트니Paul McCartney의 '윙스' 시절 명반인 '밴드 온 더 런Band on the Run'(1973)의 가격은 1만 2,000엔이다. 고급 설명서와 CD 세 장, 그리고 제작 뒷이야기와 당시 광고사진 등 진귀한 자료가 듬뿍 담긴 DVD 한 장으로 구성되어 있다.

미국의 전설적인 로커 브루스 스프링스틴Bruce Springsteen이 1978년 발매한 네 번째 앨범도 1만 4,700엔에 팔린다. 미발표 곡을 수록한 CD 세 장과 라이브 공연을 담은 DVD 세 장이 고급스럽게 포장되어 있다.

그들만의 취미를 파악하라

신흥 고령자인 단카이 세대는 은퇴 이후 본격적인 취미 생활을 즐기고자 한다. 젊었을 때 시간이 없어 주저하던 취미를 이제는 맘껏 즐기고 싶어 한다. 기타 가게가 모여 있는 도쿄 간다에는 요즘 고급 기타를 사러 오는 단카이 세대들의 발길이 이어지고 있다. 젊었을 때 꿈꿨던 기타리스트에 다시 도전하겠다는 고령자가 많다고 한다. "은퇴에 맞춰 본격적으로 시작해보려고 한다"는 것이 이들의 한결같은 반응이다.

도쿄 시부야 구에 있는 자동차 교습소 '코야마 드라이빙 스쿨'은 2009년 6월 단카이 세대를 겨냥해 할리데이비슨 교습소를 차렸는데, 지금까지 수료생만 670명을 넘어섰다. 청춘 시절에 영화 〈이지 라이더Easy Rider〉(1969)에 감명받은 단카이 세대에게 명품 오토바이 할리데이비슨은 동경의 대상이다. "운전 교습을 받아 일본을 일주하고 싶다"고 말하는 단카이 세대에게서 남은 인생을 즐겨보려는 의지가 엿보인다.

'단카이'라는 용어를 만들어낸 사카이야 다이치堺屋太一(전 기획청 장관이자 소설가)는 5년 전 단카이 세대의 대량 퇴직을 앞두고 고령자 비즈니스 시장을 이렇게 갈파했다. "적잖은 기업들이 '고령자는 소비 성향이 낮다'며 외면한다. 고령자가 돈을 잘 쓰지 않는 이유는 소비 성향이 낮아서가 아니다. 단카이 세대는 건강하며, 구매력도 충분하다. 고령자들이 즐겁게 소비할 수 있는 시장이 만들어져야 한다."

초고령사회 일본은 고령자를 대상으로 한 제품과 서비스의 실험의 장이기도 하다. 특히 단카이 세대의 대량 퇴직은 기업들의 신제품 개발 기준을 젊은 세대에서 고령자로 이동할 것을 요구하고 있다.

일본 편의점 점령한 노인들,
"동년배 고객 마음은 내가 잘 알죠"

한국 편의점산업협회에 따르면, 국내 편의점 이용객 열 명 중 일곱 명이 20~30대다(2015년 기준). 직업별로는 55퍼센트가 회사원이다. 편의점을 사회학적으로 분석한 『편의점 사회학』(2014)이라는 책에서 저자는 "(한국 편의점이) 20~30대 젊은이들이 도시락 등으로 식사를 간단히 해결하고 담배나 술 등으로 자신의 처지를 위로하는 장소로 정착되어 간다"고 꼬집기도 했다.

반면, 일본 편의점은 꽤 늙었다. 전체 편의점 고객의 40퍼센트가 50대 이상 시니어다. 성인용 기저귀를 비롯한 고령자 상품이 진열대의 상당 부분을 차지하고, 어떤 편의점은 지역 고령자를 돌보는 커뮤니티 거점 역할을 자처하기도 한다.

이런 가운데 일본의 대표적인 편의점업체 '세븐일레븐 재팬'(이하 세븐일레븐)의 '노노접객' 전략이 주목받고 있다. 편의점의 주요 고객층으로 부상하고 있는 고령의 고객들을 동년배들이 '접대'하도록 한 것. 2013년부터 전국 점포에 퇴직자를 비롯한 지역 시니어들을 적극 채용하기 시작했다. 시니어 직원들이 또래 고객의 마음을 잘 헤아릴 수 있어 부드러운 응대가 가능하고, 고령자들의 니즈를 파악해 마케팅에도 도움이 될 수 있다고 판단한 것이다. 매장에 나이 지긋한 스태프들을 전면 배치함으로써 노인들이 편의점에 친근감을 갖도록 하겠다는 전략도 있다. 최근 일본은 젊은 인력이 부족해 애를 먹고 있는데, 이런 상황에서 세븐일레븐의 시니어 채용은 '젊은 인력의 대체재'로서도 관심을 끌고 있다.

눈에 띄는 것은 세븐일레븐의 독특한 시니어 채용 방식이다. 편의점이 직접 채용하는 것이 아니라 지자체의 '중개'를 거친다. 지자체와 시니어 고용 촉진을 내용으로 하는 협정을 체결하고, 지자체 산하의 인력 파견 기관을 통해서 직원을 뽑는다. 이를 위해 사전에 지자체와 함께 '시니어를 위한 세븐일레븐 설명회'를 열어 편의점 업무에 대해 자세히 설명하고 실제 업무를 체험하도록 하면서 고령자들의 편의점 업무에 대한 불안감을 해소해주고 있다.

2013년 첫해에 후쿠오카 현을 시작으로, 2015년 6월 오사카, 11월 도쿄 도 시나가와 구와 손을 잡았고, 2017년 3월 현재 180개 지자체와 협력을 맺고 있다. 세븐일레븐은 현재 6퍼센트 비율인 60세 이상 정규 직원 수를 10퍼센트까지 늘리겠다고 밝혔다.

시니어 직원들에게는 주로 도시락 배달 업무가 주어진다. 고령 직원들은 고령자의 집을 방문해 도시락을 전달하면서 그들과 말벗이 되어주는 등 독거노인 돌봄 서비스도 잘 해낼 수 있다는 점에 착안한 것이다.

회사 측은 고령 직원들을 위한 '특별대우'도 해준다. 건강을 해치지 않도록 시간제 근무, 격일 근무 등을 유연하게 조절할 수 있게 했다. 배달 업무의 경우 점심과 저녁 등 주문이 몰릴 때 두세 시간만 근무할 수 있고, 매장 근무의 경우 오전 이른 시간에 나와 두세 시간 동안 치킨만 굽고 퇴근해도 된다. 세븐일레븐 측은 젊은 직원들이 기피하는 이른 아침 시간대에 시니어 인력을 투입할 수 있어 많은 도움이 된다고 말한다. 또 고령자들은 책임감이 강하다는 것도 큰 장점이란다.

물론 문제도 있다. 고령이다 보니 배달을 하러 갔다가 길을 잃어 '배달 사고'가 나기도 하고, 잔돈 계산을 틀리기도 해 불만과 항의가 있을 때가 더러 있다고 한다. 회사 측은 빠른 시간 안에 시니어 종업원을 위한 매뉴얼을 정비할 예정이다.

젊은 인력은 갈수록 부족하고 건강한 시니어는 계속 늘어만 가는 상황에서 시니어 직원이 시니어 고객을 대응하는 노노접객의 풍경은 일본에서는 이미 낯설지 않아 보인다.

2부_신 고령 인류가 바꾸는 새로운 세상

구매대행에서 가사 보조까지,
노인들 손발 되어주는 슈퍼마켓

아침 9시. 따르릉. 책상 위 전화기가 잇따라 울리기 시작한다.
"오늘은 스키야키(일본의 전통 소고기 전골요리)를 만들어볼까
하는데, 적당한 재료로 잘 부탁합니다."

삐~익, 삐~익. 이번에는 팩스로도 주문서가 날아든다.

'감자 한 봉지, 고등어 한 손, 오렌지주스 두 병, 쌀 10킬로그램.'

전화와 팩스를 통한 음식 재료 주문은 오전 10시 반까지 이
어진다. 하루 주문량은 20~30건. 4~5명의 스태프가 1인당 5~6
건의 주문을 받아 처리한다.

주문 접수가 끝나면 담당 직원들은 주문 용지를 들고 같은
건물의 마트 매장으로 가 용지에 적힌 상품들을 카트에 담는다.
주문의 절반 가까이가 과일, 신선한 생선, 고기, 채소 등 네 종류
제품이다. 불단에 장식할 꽃 주문도 꽤 많다.

직원들은 쇼핑을 끝내면 사무실로 돌아와 전용 보관 용기에
주문 상품을 보관해둔다. 생선이나 과일 등 신선 제품은 보냉제
를 넣어 신선도를 유지한다. 오전 11시 30분. 배달 기사는 경트럭
에 구매 상품들을 싣고 배달에 나선다. 한 시간에 5~6명의 회원
집을 방문하며, 배달은 보통 오후 4~5시면 종료된다. 비나 눈으
로 인해 날씨가 안 좋을 때는 주문이 폭주하는데, 이때는 보충 인

력이 긴급 투입된다.

일본 최대의 호수 비와琵琶호가 있는 중남부 시가 현. 시가 현과 인근 지역을 영업 기반으로 하는 대형 슈퍼 체인 '헤이와 도平和堂'는 2010년 9월부터 지역 주민을 대상으로 구매대행 서비스를 하고 있다. 이름은 '홈 서포트 서비스'. 전화나 팩스로 주문을 받아 전문 스태프가 점포에서 구매한 후, 그날 저녁까지 회원 자택으로 배달해주는 서비스다. 회원제로 운영되며, 연회비는 1,000엔이다. 배달료는 구입 금액과 관계없이 건당 105엔. 지급 방식은 현금이나 헤이와도 마트에서 발행하는 상품권 한정이다.

창업 점포(히코네 시 긴자점)의 빈 사무실 한쪽에서 전화와 팩스 4~5대를 놓고 시작한 이 서비스는 현재 인근 교토 지역을 포함해 총 130개 점포에서 인기리에 성업 중이다. 창업점의 회원은 약 300명. 평균 연령은 72세로, 고령자가 압도적으로 많았다. 지금은 유아를 둔 주부들도 꽤 있다고 한다.

지역 밀착형 슈퍼 체인인 헤이와도의 경영철학은 '지역사회에 기여하자'이다. 고령화가 심화하면서 장보기가 어려운 독거노인이나 노인 부부 가구, 이른바 '구매 약자'가 증가하자 헤이와도가 해법으로 내놓은 것이 이 구매대행 서비스다.

구매대행 담당 직원들은 대부분 헤이와도 출신인데, 60대 이상의 여성이 대부분이다. 회원 중에는 구체적인 상품 목록을 주문하지 않고 음식 메뉴를 알려주며 해당 재료를 구매해달라는 일임형 주문을 하는 사람이 꽤 있다. 이것은 60대 이상 OB 출신들을 스태프로 쓰기 때문에 가능한 주문 스타일이다.

구매대행 서비스는 단순히 주문 상품을 전달하는 데 그치지 않는다. 독거노인의 안부 확인이나 말 상대 등 가욋일도 한다. 그중에서도 요즘 활개 치는 보이스피싱 같은 고령자 사기 피해 예방 지도에서 중요한 역할을 한다고 한다.

헤이와도는 2016년 고령자들의 가사를 돌봐주는 가사대행 서비스도 시작했다. 정원 관리, 가구 이동, 손잡이 설치 등 소소한 집안일을 대신 해주고 시간당 1,500엔을 받는다. 수도관 교체 등 전문적인 것은 외부 회사와 연결해준다.

헤이와도는 현재 고객 관리 서비스를 위한 IT 기반 시스템을 구축하고 있다. 회원들의 정보 관리나 주문의 편의성을 높이기 위한 것이다. 하지만 당장은 가격 경쟁이나 회원 확대 중심으로 운영하지는 않을 생각이다. 애당초 서비스의 목적이 지역사회, 지역 주민들의 공익에 기여하고자 했던 것인 만큼 지역 커뮤니티 구축에 서비스 중점을 둘 생각이다. 구매대행을 포함한 가사대행 서비스의 핵심은 지역 주민과의 신뢰 구축에 있기 때문이다.

4

超高齢社會

젊은 노인, 그들만의
세컨드 라이프
: 단카이 세대의 신 고령 문화

超高齡社會

나만의 '10만 시간'을 즐긴다

시니어들,
해외 유학에 빠지다

'꿈같은 외국 생활과 어학 능력, 관광, 세 마리 토끼를 잡는다.'

요즘 일본에서는 시니어들의 해외 유학 열기가 고조되고 있다. 퇴직 후 시간적으로 여유가 생긴 60대 이상 고령자들이 젊을 때 동경했던 외국 생활과 어학 공부에 대거 도전장을 내밀고 있는 것이다. 학령인구 감소와 경기불황으로 고전하던 유학업계는 '새로운 비즈니스 찬스'라며 두 손 들어 환영하고 있다.

여기서 말하는 '시니어 해외 유학'이란 주로 영어 등 어학을 배우는 해외 어학연수 프로그램을 말한다. 짧게는 3주에서 길게는 3개월까지 현지에서 생활하면서 어학도 배우고 현지 문화도 체험하는 프로그램이다.

그런데 시니어 해외 유학은 일반 어학 코스와 조금 다른 점이 있다. 어학 공부도 중요하지만, 그보다 현지 주민과 함께 생활하면서 이국 문화를 직접 체험하고 유적지 등을 관광하는 등의 엔터테인먼트에 비중을 둔다.

'미국 LA에서 영어도 배우고 할리우드 스타도 만나자.'

'이탈리아어를 배우면서 유서 깊은 와이너리 견학 코스도 함께.'

'영국식 가드닝을 체험하면서 영어 공부를.'

'하와이의 푸른 해변에서 서핑을 즐기면서 영어 실력도 쌓아볼까?'

해외 유학 관련 잡지나 사이트에는 이처럼 어학과 문화 체험, 취미 활동 등을 함께하는 다양한 상품이 등장해 시니어들을 유혹하고 있다. 시니어 유학 프로그램을 자세히 살펴보자.

우선 연수 지역은 영국, 캐나다, 호주, 뉴질랜드 등 영어권이 많다. 하와이나 몰타 등 관광지도 인기 코스로 부상하고 있고, 최근에는 말레이시아 쿠알라룸푸르 등 동남아시아 지역도 시니어들이 많이 찾는다고 한다.

이용자는 60대 정년퇴직 남성이나 자녀 교육을 마무리한 중장년 주부들이 대부분이다. 부부가 함께 참여하는 경우도 있고,

한 지역을 여러 번 찾는 '단골손님'들도 꽤 있다고 한다. 손자, 손녀와 함께 해외 어학연수에 도전하는 고령자들도 있다. 일본의 대표 여행대리점 JTB 가이아렉스에 따르면, 최근 2~3년간 50세 이상의 해외 유학자가 매년 20~30퍼센트 증가하고 있는 것으로 나타났다.

프로그램은 주로 오전에는 학교에서 외국어를 배우고, 오후 자유 시간에 현지 문화를 체험하는 식이다. 취미를 즐기거나 관광지를 방문하기도 한다. 현지 거주 형태도 홈스테이에서부터 학교 기숙사, 콘도미니엄, 호텔 등 다양하게 선택 가능하다. 비용은 1개월 코스를 기준으로 학비, 체재비, 항공료, 수수료를 포함해 뉴질랜드 45만 엔, 캐나다 48만 엔, 영국 50만 엔 정도이다.

유학업계나 관광업계는 시니어들의 해외 유학 시장이 앞으로 크게 성장할 것으로 내다보고 있다. 연간 2,000만 명이 넘는 외국인 관광객이 일본을 찾고 있고, 2020년 도쿄올림픽 개최 영향으로 영어를 배우고 싶다는 시니어들이 갈수록 늘어날 것으로 보기 때문이다. 특히 활동적이고 경제력 있는 베이비부머 세대, 즉 단카이 세대가 해외 유학의 주요 고객이 될 것으로 업계는 기대하고 있다.

이 같은 분위기에 맞춰 관련 업계는 발 빠르게 움직이고 있다. 일본의 유명 어학원업체인 'ZE홀딩스'는 해외 유학 거점(현지 어학원)을 현재 10개에서 앞으로 1,200개까지 늘리기로 했다. 또 대형 여행사들은 베이비부머를 대상으로 하는 다양한 패키지 상품을 내놓고 있고, 시니어만을 대상으로 하는 유학설명회도 잇따라 열고 있다.

시니어 해외 유학은 시니어들의 노후 생활 네트워크 역할도 하고 있다. 함께 연수를 했던 동료들과 귀국 후에도 정기 모임을 갖고 평생 친구가 되기도 한다.

몸값 뛰는
시니어 통역 가이드

요즘 일본을 찾는 외국인 관광객이 크게 늘고 있다. 2020년 도쿄올림픽 특수로 이미 연간 관광객 수 2,000만 명을 훌쩍 넘겼고, 특히 중국 부자들의 큰 씀씀이로 일본 관광지나 쇼핑센터들은 즐거운 비명을 지르고 있다.

그런데 요즘 도쿄 시내의 유명 관광지에 가면 예전과 조금 달라진 풍경을 접할 수 있다. 머리 희끗한 시니어들이 외국인들에게 뭔가를 열심히 설명해주는 모습이 자주 보이는데, 최근 일본에서는 어학 능력을 갖춘 은퇴한 시니어들이 외국인 환대의 주역으로 떠오르고 있다고 한다.

도쿄나 도쿄 인근 도시를 찾은 외국인 관광객들에게 무료로

도쿄 프리 가이드 소속 시니어가 외국인 관광객에게 통역해주는 모습 • 출처: TFG 홈페이지

가이드를 해주는 '도쿄 프리 가이드Tokyo Free Guide, TFG'라는 단체가 있다. 이 단체는 외국어 회화가 가능한 20세 이상 남녀를 회원으로 등록해놓고, 지자체 등 단체의 의뢰가 있으면 통역 자원봉사자를 파견하고 있다. 이들은 외국 관광객에게 유명한 신사나 절의 유래, 가부키 등을 중심으로 한 일본 전통문화를 소개한다.

TFG는 2010년에 설립됐는데, 당시 다섯 명에 불과했던 회원 수가 400명까지 늘었다. 여기서 주목해야 할 것은 바로 이 단체 전체 회원의 20퍼센트가 60세 이상 고령자라는 점이다.

TFG에는 400명의 '정식 가이드' 외에 전철역이나 도청 관광안내소에서 길을 안내하는 자원봉사 회원도 있는데(약 2,000명),

이 회원들도 60세 이상 고령자가 35퍼센트나 된다고 한다.

이렇듯 관광통역 자원봉사에 대한 관심이 높아지고 있는 가운데, TFG는 2015년 유명 영어회화 학원 '이온AEON'과 손잡고 '자원봉사 통역 가이드 양성 강좌'를 개설·운영하고 있다. 강좌는 매번 만원사례. 그런데 여기서도 수강자 세 명 중 한 명이 환갑을 넘긴 시니어다.

시니어 통역 가이드들은 주로 현역 시절 해외 주재 경험이 있는 퇴직자인데, 이들은 통역 자원봉사를 통해 제2의 인생을 펼쳐보겠다며 열의를 불태우고 있다고 한다.

또 외국어에 능통한 시니어를 발굴해 관광통역 가이드 서비스를 제공하고 있는 회사가 있다. 인재 파견회사 '마이스터 60'은 기술과 재능을 갖춘 정년퇴직자들을 회원으로 확보해 이들을 필요로 하는 현장에 파견하는 비즈니스를 하고 있다.

외국인 관광객이 급증하면서 '외국인 환대 시니어 부대'라는 사업을 시작했는데, 해외 주재 경험자나 그 배우자를 대상으로 어학 능통자를 모집해 일정 기간의 연수를 거쳐 도쿄 타워 등 유명 관광지에 파견하고 있다. 보통 세 명을 한 팀으로 구성해 파견하는데, 쇼핑 장소 안내나 가이드북 배포, 외국인 앙케트 조사 같은 일들을 한다. 보수는 시간당 1,000엔 정도. 업계는 2020년 도쿄올림픽을 앞두고 통역 가이드를 파견해달라는 의뢰가 크게 늘어날 것으로 내다보고 있다.

이렇게 외국인 관광객 환대의 주역으로 시니어가 주목받고 있는 것은 자신의 재능을 적극 펼쳐보고 싶어 하는 은퇴자들이 늘고 있기 때문이다. 요즘 퇴직자들 중에는 풍부한 해외 생활 경험을 갖고 있는 '능력자'들이 많다. 이들에게 관광통역 자원봉사는 자신의 어학 실력을 발휘할 수 있고, 외국인 관광객들에게 도움을 줌으로써 사회에 기여까지 할 수 있다는 점에서 아주 매력적이다.

또 통역 가이드가 직접 자기만의 관광 코스를 디자인하기도 하는데, 자신이 구상한 코스를 중심으로 일본의 매력을 외국인들에게 직접 전달할 수 있다는 점은 관광 가이드 활동의 중요한 동기부여가 되어주기도 한다. 관광지를 돌며 가이드를 하다 보면 체력도 좋아지고, 안내할 때의 적당한 긴장감이 뇌에도 자극을 주어 노후 건강에 상당한 도움이 된다고 하니 체력과 지력을 함께 높이는 일석이조의 효과가 있는 셈이다.

도쿄올림픽을 앞두고 일본 정부는 외국인 안내를 위해 3만 5,000명의 통역 자원봉사자를 확보하겠다는 목표를 세워놓고 있다. 관광통역 분야에서 시니어들의 활약의 장은 갈수록 넓어질 것이다.

중장년층, '1인 한정 투어' 매력에 눈뜨다

'1인 한정 투어' 상품이 일본 중장년층 사이에서 인기를 얻고 있다. '1인 한정 투어'란 나 홀로 여행객을 모아 단체여행 프로그램으로 진행하는 것을 말하는데, '혼자'가 주는 자유로움과 '단체여행'이 주는 편리함과 안정감, 두 마리 토끼를 잡을 수 있다는 장점이 있다.

"여행할 때만이라도 남의 눈치 안 보고 자유롭게 나만의 시간을 보내고 싶다."

"나 홀로 여행이지만 교통편이나 호텔은 여행사에서 알아서 해주니 편리하고 안심이 된다."

"가족, 친구 등과 여행 스케줄을 조정할 필요가 없고, 내가 가고 싶을 때 가고 싶은 곳 어디든 갈 수 있어 좋다."

"참가자가 모두 혼자이기 때문에 소외감을 느끼지 않아도 되고, 마음이 맞는 사람과 편하게 이야기할 수 있다."

투어 참가자들의 반응에서 '따로 또 같이' 여행의 장점을 여실히 느낄 수 있다.

1인 투어 인기 현상 속에서 유독 눈길을 끄는 것은 참가자들 대부분이 50대 이상 시니어라는 점이다. 일본의 유명 여행사 '클럽 투어리즘'에 따르면, 2015년 한 해 동안 4만 7,000명이 1인

한정 투어를 즐긴 것으로 조사됐다. 이는 전년에 비해 세 배 이상 늘어난 것으로, 고객의 80퍼센트가 50세 이상 중장년층이었다. 또 시니어 고객의 70퍼센트가 여성이라고 한다.

1인 한정 투어는 여타 단체여행과는 조금 다르다. 단체로 행동하지만 '나 홀로 여행'의 특성을 최대한 살려준다. 먼저 호텔 객실은 1인 1실이 기본. 거기다 버스 좌석도 1인 2석이다. 버스로 이동할 때도 최대한 혼자 여행하는 기분을 느끼도록 한 배려다.

또 유명 관광지 관람보다는 특정 테마를 선정해 진행하는 경우가 많다. 등산, 사진 촬영, 음악 감상, 해외 박물관·일본 고성古城 탐방 등 테마별 여행이 가능하기 때문에 결국 취미나 관심사가 같은 사람들끼리 모여 어울리게 된다. 그래서 여행이 끝난 후에 자연스럽게 취미 모임으로 발전하는 사례가 많다고 한다. '클럽 투어리즘'에서는 연령대별로 여행 상품을 제공하고 있고, 그중 여성 한정 투어 상품이 인기라고 한다. 여행사들은 1인 투어 고객 중 고령자가 많은 점을 감안해 여행 신청 시 참가자의 평소 복용약과 지병을 파악해두는 등 '비상 상황'에 대비하기도 한다.

1인 한정 투어를 시니어들이 선호하는 데는 또 다른 이유가 있다. 비슷한 처지의 사람들을 만나 외로움을 달래기도 하고, 때로는 가족과 적당한 거리를 두는 기회로 삼을 수 있어서다.

여행사 관계자에 따르면, 배우자와 사별한 후 대화 상대가 절실한 고령자들이 나 홀로 여행을 통해 지인들을 늘려가면서 삶에 활력을 찾는가 하면, 반대로 1인 투어에 참여해 남편(아내)과 잠시 떨어져 개인적인 시간을 가져보면서 안정적인 부부 관계를 유지하는 데 도움을 받기도 한다고. 또 부부가 함께 여행을 하면서 '저녁은 함께하고 낮에는 개별행동 하는' '기발한' 여행 프로그램도 있다고 한다.

걸으면서 배우는
'워킹 투어'

'건강과 재미, 여기에 성취감까지 한번에.'

일본의 한 여행사가 새롭게 내놓은 여행 상품의 광고 카피다. 도대체 어떤 여행 상품이기에 건강과 재미, 성취감까지 일석삼조의 효과를 주는 걸까?

워킹 투어walking tour. 요즘 일본에서 고령 고객을 중심으로 인기를 끌고 있는 여행 상품이다. 걸으면서 도심의 명승지들을 둘러보는 콘셉트인데, 전문 가이드가 동반해 참가자들에게 건강하게 걷는 요령을 알려주고, 명승지에 얽힌 다양한 스토리를 들려준다.

워킹 투어 참가자들은 대부분 60세 이상 고령자들이다. 특히 여성 고객이 많은데, 여행사 '클럽 투어리즘'에 따르면, 여성 참가자가 전체의 70퍼센트나 차지한다고 한다.

도심 여행 상품은 5~6킬로미터를 걸으며 명승지 두세 곳을 둘러보는 것이 보통이다. '한큐 교통사'가 운영하는 워킹 투어는 역사 전문가인 가이드를 따라 걸으면서 사적지를 둘러보는 코스다. 참가비는 현장에서 모이는 것을 전제로 500엔. 거리는 6킬로미터이며, 세 시간 정도가 걸린다. 좀 더 많이 걷고 싶은 사람들을 위해 정해진 코스를 여러 번 순회하는 기획 상품도 있다.

도심에서 벗어나 산 둘레길을 걷는 코스도 인기 워킹 투어 상품 중 하나다. 대표적인 것이 일본을 대표하는 명산 후지산의 둘레길 코스. 클럽 투어리즘이 실시하는 후지산 둘레길 완주 코스는 하루 9킬로미터씩 1년 반 동안 총 17회 실시된다. 한큐 교통사와 요미우리여행사의 후지산 일주 파노라마 워킹 코스는 1회 12킬로미터, 총 12회로 150킬로미터를 걷는다. 후지산 걷기 상품에도 역시 전문 가이드들이 함께하며, 후지산까지 버스로 이동해 특정 장소에 모여 출발한다. 온천 입욕과 점심이 제공되며, 1회 참가비는 1만 엔 정도다.

워킹 투어가 인기를 끄는 이유가 무엇이냐는 물음에 참가자들은 걷기를 통해 건강을 챙길 수 있을 뿐만 아니라 코스를 완주했을 때 느끼는 감동과 성취감이 상당히 매력적이라고 입을 모은다. 또 투어에 참가하면서 고령자들끼리 친구가 되는 만남의 장이 되기도 한단다.

걷기를 통해 건강을 지키려는 고령자들이 많다 보니 워킹 투어 이외에도 걷기와 관련된 다양한 스포츠와 이벤트가 많다. 그중 '노르딕 워킹'이 최근 일본 고령자 사이에 인기를 끌고 있다. 노르딕 워킹은 스키의 스톡과 같은 폴을 양손에 들고 걷는 운동이다.

스키 장비를 하고 걷는 운동이기 때문에 보폭을 넓게 하고 어깨에 힘을 빼야 한다. 이렇게 전신을 사용해 걷다 보면 일반적인 워킹에 비해 운동 효과가 훨씬 크다고 한다. 또 폴을 지면에 짚고 걷기 때문에 무릎에 부담이 적어 고령자 스포츠로는 안성맞춤이다. 몸에 부담을 덜 주면서도 운동 효과는 발군인 셈이다. 그래서 재활이나 간병 분야에서 큰 주목을 받고 있다.

효고 현 단바 시의 한 평생대학에서는 60세 이상 고령자를 대상으로 노르딕 워킹 강좌를 운영하고 있다. 의외로 재미있고 생각보다 어렵지 않다는 게 참가자들의 체험담이다. 60대 이상 여성이 전체 참가자의 70~80퍼센트. 일본 전체에 노르딕 워킹 애호가는 20만 명이며, 세계적으로는 유럽과 미국을 중심으로 약 1,000만 명이나 된다.

걷기가 건강 증진의 필수 요소이다 보니 일본 일부 지자체에서는 걸으면 상품권을 주는 이벤트를 진행해 화제가 되기도 했다. 요코하마 시의 '워킹 포인트 사업'이 그것인데, 시 고령자의 체력을 향상시키자는 취지에서 2014년 11월부터 40세 이상 시민을 대상으로 실시했다.

우선 참가자들에게 걸음을 측정할 수 있는 만보계가 지급된다. 시내 약 7,000개 협력 점포에는 만보계를 읽는 전용 단말기를 설치해 참가자들의 걸음 수를 기록할 수 있도록 했다. 도보 기록 데이터가 전용 서버로 전송돼 참가자별로 걷기 포인트가 적립되는 시스템이다.

하루 2,000~3,000보는 1포인트, 4,000~5,000보는 2포인트가 주어진다. 3개월마다 집계해 200포인트가 쌓이면 3,000엔 상당의 상품권이 제공된다고 한다.

'고령자 맞춤형 승마' 은퇴마에는 인생 2막을

'나이는 숫자일 뿐.'

요즘 일본의 승마클럽에 가면 머리가 희끗한 노인들을 많이 볼 수 있다. 정년퇴직한 은퇴자들이 노후 건강을 위해 승마를 시작하는 사례가 늘고 있기 때문이다. 이런 분위기에 맞춰 승마클럽들이 은퇴 고령자 맞춤형 승마교실을 잇따라 열고 있다.

요코하마 시에 있는 NPO 법인 '요코하마 마술협회'는 '시니어 건강 증진 승마교실'이라는 이름으로 60~70대 회원들을 모집해 운영하고 있다. 이 클럽이 집중 홍보하고 있는 것은 고령자의 체력과 건강에 맞춘 '고령자 맞춤형 레슨'이다.

다른 승마클럽들도 고령자 회원 모집을 위해 기초운동과 기술 습득 방법을 고령자 체력에 맞게 설계하는 등 일반인들에게 제공하는 매뉴얼에서 완전히 탈피한 새로운 매뉴얼을 내놓고 있다. 또 트레이너에게 무전기를 제공해 레슨 중 고령자들의 체력에 문제가 생기거나 사고가 발생했을 때 신속하게 본부와 연결해 대응할 수 있도록 만반의 대비책을 마련해놓고 있다는 점도 눈에 띈다. 안전을 위해 고령 초심자는 레슨 인원수를 최소화한 점도 특징이다.

고령자 승마교실의 1회 강습 비용은 3,000엔가량. 그다지 비싸지 않은 가격에 기대할 수 있는 건강 효과는 꽤 괜찮아 보인다. 체중이 400~500킬로그램이나 되는 말에 오르기 위해서는 체력이 있어야 하는데, 연습을 거듭하는 사이에 자연스럽게 체력이 길러진다. 올라탄 기수의 몸에 힘이 없으면 말이 생각처럼 움직이지 않는다고 한다.

말 위에서 균형을 잡기 위해서는 다리의 힘뿐만 아니라 복근이나 등 근육을 중심으로 전신 근육을 골고루 사용해야 한다. 때문에 몸의 전체적인 자세가 좋아지는 효과도 기대할 수 있다. 특히 한쪽 눈과 한 발로 오랫동안 서 있을 수 있는 밸런스 감각이 눈에 띄게 향상된다고 한다.

체력 강화, 균형감각 개선, 스트레스 해소 등 고령자 건강에 필수적인 3대 요소를 승마를 통해 한 번에 해결할 수 있는 데다 말과의 신체적 접촉을 통해 건강한 긴장감을 유지할 수 있어 정신건강에도 효과가 만점이라는 게 승마 전문가들의 말이다.

고령자 승마 인구의 증가는 의외의 부수 효과를 내고 있다. 은퇴한 경주마들의 재활용이 그것이다. 은퇴자의 승마가 은퇴마에게 제2의 인생을 선사해주는 셈이다. 경주마를 바로 초심자들의 연습용으로 활용하는 것은 쉽지 않다고 한다. 그래서 클럽들은 '스피드 최우선'이라는 경주마들의 습성을 개조하는 재교육에도 힘을 쏟고 있다.

지난 2012년 런던올림픽에 일본의 마장마술대회 국가대표로 호케츠 히로시法華津寛라는 선수가 선발됐다. 당시 그의 나이는 71세(2008년 베이징올림픽 때도 67세의 나이로 국가대표로 선발됐다). 승마 전문가들은 "승마는 연령에 관계없이 평생 즐길 수 있는 스포츠"라고 강조한다.

건강마작,
재미에 치매 예방 효과까지

'마작麻雀' 하면 어떤 이미지가 떠오르는가? 도박? 자욱한 담배연기? 폭력? 대부분의 사람이 어두운 이미지부터 떠올릴 것이다. 하지만 마작을 하면서 건강을 유지하는 사람들이 있다.

노인 대국 일본의 고령자들은 마작을 즐기면서 외로움을 달래고 치매도 예방한다. 일본 시니어 여성들에게 요즘 인기를 끌고 있는 '건강마작'이 그것이다.

'건강마작'에서는 세 가지 행동이 금지된다. 첫째, 돈내기를 해서는 안 된다. 둘째, 담배를 피워서는 안 된다. 셋째, 게임 중 술을 마시면 안 된다.

일반 마작의 필수 품목인 내기와 담배, 술이 모두 안 된다. 이기고 지는 게임 자체로만 마작을 즐기자는 이야기다. 그래서일까? 건강마작을 하는 고령자들은 대부분 여성이다. 건강마작협회에 따르면, 이용자는 60~70대가 대부분이고, 이 중 70퍼센트가 여성이라고 한다. 90세가 넘는 할머니도 꽤 있다. 이렇게 단순히 게임만 즐기는 것으로는 무엇이든 경쟁을 해야만 직성이 풀리는 DNA를 가진 남자들에게 별 흥미를 주지 못하는 모양이다.

건강마작이 일본 고령자들에게 관심을 끌기 시작한 것은 2007년으로 거슬러 올라간다. 일본에서는 매년 60세 이상 고령자가 참여하는 '건강 복지 축전'이 열리는데, '고령자 올림픽'이라고도 하는 이 기간에 게임이나 스포츠, 예술 공연 등 다양한 종목에서 고령자들이 경연을 펼친다. 건강마작은 2007년부터 고령자 올림픽 정식 종목으로 채택됐다.

그것이 계기가 되어 당시 불경기로 신음하던 기존의 '마작 카페'들이 건강마작을 새로운 비즈니스 기회로 삼아 대거 변신을 시도했다. 건강마작 카페 붐이 인 것이다. 건강마작 카페는 현재 1만여 개가 있는 것으로 추산되고 있다.

건강마작이 확산된 데는 고령자 치매 예방에 효과가 좋다는 매스컴의 홍보가 큰 몫을 했다. 마작 게임에서 이기려면 다양한 전술과 전략을 짜야 할 뿐 아니라 상대방의 전술도 간파해야 한다. 당연히 머리를 많이 쓸 수밖에 없고, 그것이 뇌 트레이닝 효과를 가져다준다. 또 패를 옮기다 보면 손가락을 끊임없이 사용하는데, 손가락 운동이 뇌 활성화에 아주 좋다는 연구 결과까지 덧붙여 마작 효과를 부추겼다.

때마침 일본에서는 고령 운전자들의 교통사고가 급증해 사회문제가 됐는데, 사고 예방 차원에서 고령자들의 뇌 트레이닝이 필요하다는 여론도 거세게 일었다. 건강마작이 고령자 뇌 활성화의 안성맞춤 대안으로 주목을 받았던 것이다.

마작은 네 명의 대국자가 136개의 마작 패를 이용해 복잡한 게임 규칙에 따라 패를 맞추어 승패를 겨루는 게임이다. 처음에 각자 13개씩 패를 뽑고, 자기 차례가 돌아올 때마다 새 패를 하나씩 뽑은 후, 가지고 있는 14개의 패 중 하나를 버리는 방식으로 진행된다. 중국에서 유래한 이 놀이는 패를 섞을 때 대나무 숲에서 시끄럽게 지저귀는 참새 떼와 같은 소리가 난다고 해서 마작이라는 이름이 붙여졌다고 한다.

네 명이서 게임을 하다 보니 대국자들 간에 대화가 많아지고 분위기상 자연스럽게 새로운 친구를 사귈 수 있다. 마작 게임이 외로움을 달래주면서 노인들의 정신건강도 챙겨주는 셈이다.

건강마작이 확산되면서 마작 카페에서는 초심자를 가르치는 강좌도 잇따라 생겨났고, 전속 마작 지도자를 두는 곳도 적지 않다. 고령자 올림픽에서 마작 부문 메달을 노리는 동호회도 늘고 있고, 일부 지자체는 지역 마을회관에서 마작 프로그램을 운영해 지역 노인들의 치매 예방에도 앞장서고 있다.

전문가들은 "마작을 하면 지적 활동을 담당하는 전두엽과 상대방의 마음을 읽는 측두 두정 접합부의 활동이 왕성해진다. 또 게임에서 이기면 도파민이 많이 분비돼 세포 활성화에 도움을 준다"고 강조한다. 빠르게 고령화하고 있는 한국에서도 치매 등 노인들의 뇌 질환이 커다란 문제인데, '건강 고스톱'이라도 도입해 고령자의 뇌 건강을 꾀해보는 것은 어떨까?

결혼 시장도 고령자가 대세!
황혼의 사랑, '시니어 결혼'

초고령사회 일본에서는 요즘 시니어들의 새로운 짝 찾기 열기가 뜨겁다고 한다. 현지 매스컴에서는 이를 '시니어 혼활婚活(결혼을 위한 활동)'이라고 부르며, 100세 시대의 새로운 결혼 트렌드라고 소개하고 있다. 결혼 정보업체들도 이 같은 흐름에 맞춰 관련 서비스와 상품을 내놓으면서 발 빠르게 대처하고 있다.

혼활에 나서는 시니어들은 50~70세 정도로, 황혼이혼을 했거나 사별 후 오랫동안 홀로 지냈던 이들이 대부분이다. 최근 만혼화 현상으로 '초혼 시니어'들도 늘어나는 추세다.

온라인 쇼핑몰 '라쿠텐'의 중년 대상 결혼 정보 서비스인 '오 넷O-net 수페리어'. 이 사이트는 2013년부터 남자 50세, 여자 45세 이상을 대상으로 서비스를 시작했는데, 3년 만에 회원 수가 다섯 배까지 늘었다고 한다. 시니어 전문 결혼 정보 사이트인 '아카네 회'는 온라인 서비스 외에도 레스토랑을 빌려 시니어 혼활 파티를 개최하는 것으로 유명하다. 이 업체에서 주최하는 워킹 프로그램, 가라오케, 골프 등 취미별 커플 맺기 이벤트도 인기가 높다.

'황혼재혼'이 증가하고 있는 이유는 무엇보다 수명이 길어졌기 때문이다. 혼자된 '젊은 노인'들에게 수십 년 여생을 홀로 지낸다는 것은 '재앙'에 가깝다. 가족 형태에도 그 원인이 있다. 부부끼리만 사는 세대가 전체 세대의 3분의 1(31.4퍼센트)이나 되는데, 이들은 배우자가 사망하거나 이혼하면 곧바로 외로운 독거자로 전락할 수밖에 없다. 황혼이혼이 늘어난 것도 시니어 결혼 시장이 호황인 이유다. 1990년대 초부터 늘기 시작한 황혼이혼은 당시 4,000건에서 2010년에는 2만 건으로 늘었다.

시니어들은 '또 한 번의 결혼'에서 무엇을 기대할까? 2015년 소니생명보험 조사에 따르면, '결혼 상대에게 무엇을 기대하는가?'라는 질문에 "함께 있으면 안심이 될 것 같다"는 대답이 가장 많았다. 또 "건강을 챙겨주거나 취미를 함께 하고 싶다"는 응답도 많았다.

흥미로운 것은 희망사항에서 남녀 간의 차이가 엿보인다는 점이다. 남성은 여성 파트너에게 요리나 가사 등의 능력을 기대했고, 여성은 남성의 경제력에 높은 점수를 줬다. 이 때문에 일부 결혼 정보업체에서는 개인 신상 난에 구체적인 연금 수령액을 기입하도록 하고 있다. 심지어 커플 파티에 참가하면서 연금 증서를 지참하는 남성들도 있을 정도다.

전문가들은 고령 커플의 탄생이 독거자들의 고립감을 해소하는 데 효과가 크다고 입을 모은다. 치매 등 성인병 예방에도 특효약이라고 강조한다.

다만 시니어 결혼에는 세심한 주의가 필요하다. 상속이나 연금 분할 등 금전 문제 때문이다. 법적 배우자가 되면 배우자 재산의 절반을 상속할 권리가 주어진다. 때문에 재혼 당사자에게 재산이 있는 경우, 상속 경쟁자인 자녀들의 강력한 반대에 부딪치곤 한다. 그래서 시니어 커플들은 법적 혼인을 피하고 동거 등 사실혼 관계로 만족해야 하는 경우가 많다. 법적 부부는 10쌍 중 1~2쌍에 그친다. 각자 집을 소유하고 있어 상대방 거처를 오가며 생활하는 '시니어 통근 부부', 주말에만 함께 지내는 '시니어 주말 부부' 등 차선의 선택을 하는 고령 커플들도 많다.

늘어가는 졸혼,
'좋은 관계 위해 거리 둔다'

졸혼卒婚, '결혼을 졸업한다'?

'졸혼'. 알 듯 말 듯한 이 생소한 개념이 일본 은퇴 부부들 사이에서 유행하고 있다. 일본에서 졸혼이라는 말이 나온 것은 2014년 『졸혼 시대卒婚のススメ』라는 책이 화제가 되면서부터인데, 때마침 유명 연예인들이 너도나도 '졸혼 선언'을 하면서 일반 사람들도 흥미를 가지게 됐다. 졸혼이라는 개념은 혼인 관계는 유지한 채 동거에 얽매이지 않고 자신이 원하는 삶을 자유롭게 살아보자는 것이다.

일본의 한 TV 프로그램에 소개된 졸혼 부부의 생활을 보면, 남편은 고향으로 내려가 유기농 채소를 재배하면서 전원생활을 하고, 부인은 도쿄에서 요리교실을 운영하면서 기존의 도심 생활을 즐긴다. 둘은 한 달에 한두 번 만나 식사를 하고 쇼핑도 함께 하며 즐거운 시간을 갖는다.

"각자 원하는 인생을 존중하면서 서로가 필요할 때면 언제든지 도와줍니다. 자유롭게 살면서도 같이 생활하면서 생기는 충돌이 없으니 둘 사이가 더 좋아진 것 같습니다."

졸혼 부부의 말에서 자유로움과 해방감이 묻어난다. 일반적으로 별거라고 하면 이혼 직전에 '상대와 관계를 정리하기 위한 거리 두기'에 의미를 두는 데 비해 졸혼은 '좋은 관계를 유지하기 위한 거리 두기'라고 할 수 있다.

일본에 졸혼이 등장한 데는 심각한 고령화와 이에 따른 황혼이혼의 증가라는 어두운 사회적 배경이 깔려 있다. 졸혼을 요구하는 쪽은 대부분 전업주부인데, 남편의 정년퇴직 이후 부부가 함께 있는 시간이 많아지면서 생기는 스트레스를 견디지 못하는 부인들이 이혼을 요구하는 사례가 갈수록 늘어나는 것과 상관이 있다.

반대로 해외 생활이나 전원생활 등을 꿈꾸는 은퇴 남편들이 이에 호응해주지 않는 부인과의 갈등 사이에서 찾은 타협점이 졸혼인 경우도 있다. 졸혼이 노후 결혼 생활로 인한 문제점을 해소하면서 황혼이혼이라는 극단적 선택을 막아주는 역할을 하고 있는 셈이다.

그럼 졸혼이라는 선택이 마냥 좋기만 할까? 여성들은 가사가 줄어 자유시간이 많아지지만 두 집 살림에 생활비가 늘어난다는 단점이 있다. 수입이 많은 사람들이야 큰 부담이 안 되겠지만 일반인들에게는 쉬운 선택이 아니라는 의견도 많다.

간병에 대한 불안도 있다. 동거할 경우에는 급할 때 배우자가 간병인이 되어주지만 졸혼하면 이것이 불가능해진다. 때문에 일본 전문가들은 졸혼을 선택할 때는 신중할 필요가 있다면서 대안으로 '가정 내 별거'를 추천하기도 한다. 각자 고향 집에서 일정 기간 거주하거나, 자녀 집에 며칠씩 머물면서 정기적으로 부부간 거리 두기를 하는 것이다. 한국 사람들에게는 집 안 내 별거가 졸혼보다 현실적인 것 같다는 생각이다.

당당하게 맞이하는 노년

친구 따라 무덤 간다?
'무덤 친구'와 함께 준비하는 죽음

'무덤 친구' 또는 '묘 친구'라는 말을 들어본 적이 있는가? 일본 매스컴에 요즘 자주 등장하는 말인데, 일본 말로 '하카토모', 한자로는 '墓友'라고 쓴다. 묘 친구는 사후에 같은 묘지에 묻히는 것을 전제로 생전에 만나 교류하는 사람들을 일컫는다. 저세상을 함께 준비하는 동기생이라고나 할까?

과거 TV 드라마 〈실낙원失樂園〉에서 요염한 연기로 센세이션을 일으킨 여주인공 가와시마 나오미川島なお美가 54세의 젊은 나이에 암으로 세상을 떠났는데, 당시 '무덤 친구'가 매스컴의 조명을 받았다. 가와시마가 죽기 한 해 전 『나의 사생관私の死生観』이라

는 책을 출간했는데, 책을 함께 쓴 작가 여섯 명이 '무덤 친구'였던 것이다. 암 치료를 거부한 가와시마는 생의 마지막 1년간을 무덤 친구들과 함께하면서 죽음을 적극적으로 받아들였다고 한다.

일본에서 무덤 친구가 늘고 있는 것은 예전처럼 집안의 묘지를 관리하고 이어갈 자녀나 친척 등 후손들이 줄어들고 있는 상황과도 맞물린다. 저출산, 비혼화 등으로 장례는 물론이고 가족 묘를 관리할 자녀나 후손을 기대하기 힘들고, 자신의 사후 처리를 가족이 아닌 제3자에게 부탁할 수밖에 없는 상황이 되어버렸다.

그래서 가족 묘보다는 전문 업체가 관리하는 공동 묘를 찾게 됐고, 전문 업체들이 묘에 함께 묻힐 생전 계약자들의 모임을 주선하면서 무덤 친구라는 단어까지 생겨나게 된 것이다. 미증유의 저출산·고령화사회가 낳은 어두운 산물이라고나 할까?

한편으론, 요즘 재정적으로 능력이 있는 일본의 노인들이 자녀들에게 부담을 주지 않으려고 자신의 사후를 스스로 준비하려는 움직임이 무덤 친구를 등장시킨 이유라고 할 수도 있겠다.

도쿄 도 마치다 시에는 민간단체와 시가 함께 운영하는 공동묘지가 있는데, 이곳 묘지의 모습은 일본에서 흔히 볼 수 있는 것들과는 많이 다르다.

일본에서는 대부분 화장火葬을 하기 때문에 한국처럼 봉분이 모여 있는 공동묘지는 볼 수 없다. 대신 가족 묘비석을 세우고 그 밑에 납골을 모아 안치한다.

그런데 이곳 마치다 시의 공동묘지에는 묘비석 대신 벚나무들이 곳곳에 심어져 있다. 수목장樹木葬이다. 수목장은 주검을 화장한 뒤 뼛가루를 나무뿌리에 묻는 장례 방식이다. 이곳에서는 벚나무를 사용하는데, 같은 벚나무 아래 묻힐 사람들끼리 생전에 친목을 도모한다.

벚꽃장은 2005년부터 NPO 단체인 '엔딩센터'가 주관해 운영하고 있는데, 회원(무덤 친구)은 전국에 2,400명 정도 있다고 한다. 주로 60세 이상이며, 단카이 세대가 65세가 되던 2012년부터 회원이 급격히 늘었다고 한다. 사용료는 1인당 40만 엔, 두 명이면 70만 엔 정도이다.

이곳의 무덤 친구들은 매년 벚꽃이 필 즈음 한자리에 모여 시를 낭송하거나 애도식을 갖고 먼저 간 고인의 명복을 빌어준다. 또 회원끼리 하이쿠(일본 전통 시조), 기공氣功 체조, 산책 등 다양한 동아리 활동을 하면서 우애를 다지기도 한다. 무엇보다 친구들끼리 모여 죽음에 대해 이야기하면서 다른 사람들은 어떻게 죽음을 맞이하고 있는지 알게 돼 자신의 인생을 정리하는 데 큰 힘이 된다고 한다.

"친구들과 사진도 찍고 산책하는 것이 너무 즐겁습니다. 친구들이 나의 마지막을 지켜봐줄 것이라고 생각하면 마음이 정말 든든하죠."

"회원들과의 모임은 소중한 외출의 기회죠. 서로 만나 이야기하다 보면 고통스러운 고독에서 해방됩니다.”

'엔딩센터'가 전하는 무덤 친구들의 목소리는 생각보다 훈훈하고 밝아 보인다.

죽음을 준비하는 교육장, '데스 카페'

'데스 카페Death & Cafe.' 으스스한 느낌에 소름이 돋거나 공포 영화 〈데스 노트Death Note〉를 떠올렸다면 많이 잘못 짚은 거다. 오히려 그 반대다.

데스 카페란 분위기 밝은 카페에서 커피나 다과를 즐기며 편안한 마음으로 죽음을 이야기하는 곳이다. 여러 사람들의 죽음에 대한 생각과 이야기를 듣는 가운데 자신의 죽음에 대해서도 깊이 성찰할 수 있게 되고, 이것이 현재의 삶을 되돌아볼 수 있는 기회가 되도록 해보자는 것이 데스 카페의 운영 취지다. 자신과 주변 사람들의 죽음을 현명하게 준비하자는 '죽음 준비 교육장' 같은, 말하자면 '웰 다잉' 활동이다.

데스 카페는 2004년 스위스 사회학자 버나드 크레타즈Bernard Crettaz가 아내의 죽음을 계기로 문을 연 것이 그 시작이다. 이후 미국과 유럽 지역에서 크게 확산돼 현재 전 세계 30여 개국에서 3,000여 곳의 데스 카페가 운영되고 있는 것으로 추산된다.

최근 일본에서도 데스 카페가 빠르게 늘고 있는데, 고령화가 가속화하면서 고령자나 고령 부모를 모시는 사람들 사이에 인생의 마지막 준비에 대한 관심이 높아지고 있기 때문이라고 일본 언론은 분석한다. 특히 2011년 순식간에 2만여 명이 목숨을 잃은 동일본 대지진 이후 장년층뿐만 아니라 젊은 세대에게도 삶의 의미나 죽음에 대한 관심이 높아지고 있어 데스 카페는 앞으로도 더 많이 확산될 것으로 보인다.

"수명이 길어진 현대인은 죽음에 관해 가급적 많이 이야기하는 것이 좋은데 그럴 기회가 거의 없다. 그래서 이런 모임이 더 소중하다."

"가족이나 가까운 사람들의 죽음에 직면해 당황하지 않도록 마음의 준비를 할 수 있고, 마지막까지 어떤 삶을 살 것인가에 대해 진지하게 생각해볼 수 있는 좋은 기회가 된다."

데스 카페 현장의 목소리는 밝고 긍정적이다.

"직장을 그만두고 하고 싶은 일을 마음껏 하고 싶다."
"친구 한 명 한명에게 정성스럽게 편지를 쓰고 싶다."
"그냥 평소대로 살면서 그날을 맞이하겠다."
한 지방 도시 데스 카페에서 '당신이 여명 1년을 선고받는다면 무엇을 어떻게 할 것인가'라는 주제로 이야기를 했는데, 죽음을 맞이하는 태도는 사람마다 많이 달랐다. 참가자들은 다른 사람의 죽음 준비에 대해 들으면서 생각이 많이 바뀌기도 한단다.

데스 카페 운영을 위해서는 지켜져야 할 규칙이 있다. 가장 중요한 것은 자유로운 분위기에서 자신의 생각을 표현할 수 있도록 할 것. 상대방의 생각에 토를 달아서는 안 된다는 것이다. 특정 결론을 내리려고 해서는 안 되며, 카운슬링이나 고민 상담에 치우치지 않도록 해야 한다고 전문가들은 조언한다. 또한 상대방의 말을 부정하거나 혼자 너무 많이 말하는 것은 피해야 하고, 죽음의 방법이나 자살 이야기를 하거나 대화 내용을 외부에 공개하는 것은 절대 금기다.

데스 카페의 성공에는 진행자의 역할이 중요한데, 토론이나 논의보다는 상대방의 이야기를 들어주는 것이 포인트이며, 이 같은 분위기를 만들기 위해 이름이나 직함을 밝히지 않고 서로를 닉네임으로 부르는 것도 좋은 방법이라고 전문가들은 말한다.

100세 시대, 이젠 스스로 죽음을 준비해야 하는 시대가 됐다. 죽음을 터부시해서는 인생의 마지막을 제대로 준비하기 어렵다. 똑똑한 종활을 위해 데스 카페는 여러모로 의미가 있어 보인다.

늙는 것을 즐기자,
향向노화 운동

늙는다는 것은 슬픈 것일까? 그래서 우리는 늙지 않도록 노력해야 하는 것일까? 늙으면 삶의 가치를 잃어버리는 것일까? 나이 먹어가는 것을 즐기고, 늙더라도 인간의 존엄성을 유지할 수는 없을까?

'일본 향노학학회'라는 단체를 만든 다카하시 마스미高矯真澄 씨는 늙어가는 것을 수용하려는 긍정적인 자세를 '향노학'이라는 개념으로 정리해 대중에게 알리는 활동을 하고 있다. 일본 향노학학회의 이사이면서 사회학자인 우에노 치즈코上野千鶴子 씨는 저서 『늙어가는 준비老いる準備』에서 다카하시 씨가 주창한 향노학에 대해 이렇게 설명한다. "향노학은 늙는다는 것에 대해 저항하거나 맞서기 위한 학문이 아니라, 늙음을 수용하고 긍정하며 현명하게 맞이하기 위한 방법을 공부하는 학문이다."

또한 우에노 씨는 향노학과 노년학의 차이를 이렇게 설명한다. "노년학은 늙음과 노인을 객체로서 취급하는 학자들의 연구인 데 비해 향노학은 늙음과 노인을 경험하는 주체인 고령자 당사자들의 연구다."

노인 문제와 노후 문제를 바라보는 시각의 차이에서 향노학을 이야기하는 전문가들도 있다. 그들은 "노인 문제가 노인을 대상 또는 객체로 보는 시각이라고 한다면, 노후 문제는 노인 스스로가 노후를 맞는 주체적인 관점에서 보는 시각이다. 노인 문제에서 노후 문제로 패러다임이 바뀌었듯이, 향노학은 여기서 한발 더 나아가 늙음과 노인을 '문제시'하는 것이 아니라 즐겁게 받아들여야 할 '삶의 과정'으로 봐야 한다"고 역설한다.

우에노 씨는 "향노학이란 살아가는 과정 그 자체를 늙음으로 향하는 프로세스로서 인식하는 학문이다. 사실 모든 인간은 태어나는 순간부터 늙음을 향해 간다. 따라서 모든 연령의 사람들이 향노학의 대상이 되고, 주체가 될 수 있다. 한 살부터 향노학 학회의 회원이 될 수도 있다"고 말한다.

일본에서 향노학이라는 학문이 출현했던 10년 전에는 '나이에 저항'하는 것, 늙지 않으려고 노력하는 자세가 '올바른 노년 생활'로 받아들여졌다. 지금도 안티에이징이라는 단어는 일본뿐 아니라 한국의 중년층, 노년층에 매우 매력적으로 다가가고 있는 것이 사실이다.

일본에서 '핀핀 코로리'라는 말이 한때 고령자들 사이에 유행했다. '팔팔하게 살다 건강할 때 생을 마감하자'는 뜻 정도로 해석하면 된다. 병으로 고생하면서 여생을 보내지 말고, 즐길 때는 즐기고 죽을 때 미련 없이 죽자는 말이다. 그러기 위해 '젊고 싱싱한 늙은이'가 되라고 사회는 강요한다. 이 때문에 요즘도 많은 노인들이 건강을 유지하기 위해 운동을 하고, 건강식품 등을 먹으며, 지식을 쌓기도 한다. 늙음을 거부하는 것이 건강한 노인이라는 것이다. 그들을 '액티브 시니어'라 부르는데, 노인들도 젊은이들처럼 액티브하게 살아야 한다고 강요한다. 때문에 액티브 시니어를 위해 각종 스포츠와 취미를 즐길 수 있는 시설을 갖춘 '액티브 노인 홈'이 인기를 끌기도 한다.

하지만 인간은 늙음을 거부할 수도, 저항할 수도 없다. 나이를 먹으면서 건강이 악화되고 치매에 걸려 정상적인 생활을 하지 못하게 될 수도 있고, 식물인간처럼 집 안에서 몇 년이고 몸져누워 지내게 될 수도 있다.

현재 일본에는 치매 노인(일본에서는 지난 2005년부터 치매를 인지증認知症으로 표현하고 있다)이 200만 명이 넘는 것으로 조사되고 있다. '핀핀 코로리'도 할 수 없고, 안티에이징 할 능력도 없는 노인들로 넘쳐나는 일본이다.

'젊고 싱싱한' 노인만이 대접받는 사회 분위기에 다카하시 씨는 향노학을 무기로 반기를 든 셈이다. 다카하시 씨는 "고령이 되면 치매에 걸리기도 한다. 아무 역할도 하지 못하는 인간, 의사결정력을 잃어버린 인간, 지혜를 잃어버린 인간, 이성마저 잃어버린 인간은 인간으로서 더 이상 가치가 없는 것인가? 더 이상 살아갈 의미가 없는 것인가"라는 질문을 던진다. 그러면서 그는 이제 노인을, 즉 늙음을 문제시하는 발상에서 벗어나야 한다고 주장한다. 향노학학회 홈페이지에 게재된 향노학에 대한 설명을 보면 이렇다.

"사람이 태어나 늙고 죽음에 이르는 과정에서 존엄을 유지하면서 주체적으로 살 수 있는 사회를 어떻게 만들어갈 것인가에 대해 연구하는 학문이다. 늙으면 신체가 쇠약해지고 치매라는 병에 걸릴 수도 있으며, 간병은 가족과 사회에 큰 문제를 안겨준다. 이처럼 늙는다는 것은 여러 가지 고민을 우리에게 던져주지만, 그것들을 부정적으로 생각하면 늙는다는 것 자체가 공포이자 불안일 수밖에 없다. 늙음을 인정하고 긍정적으로 생각하면서 여기에 어떻게 대처해나갈지를 진지하게 생각하고 배우는 것이 바로 향노학이다."

향노학학회는 이 같은 생각을 학술 총회와 심포지엄 개최, 그리고 연구 논문 출간 등을 통해 일반인들에게 전하고 있다.『일본 향노학 연고研考』라는 잡지에는 고령사회에 대처하는 비법, 노후 생활을 즐기며 사는 법, 수준 높은 간병 등 고령자들의 삶의 질을 높여주는 내용들로 가득하다. 고령화에 속도가 붙은 한국에서도 요즘 안티에이징에 대한 관심이 부쩍 높아졌다. 그만큼 고령자가 늘고 있다는 방증이기도 하다. 아쉬운 것은 대부분 안티에이징을 활용한 산업과 비즈니스에 초점이 맞춰져 있다는 점이다. 일본에서는 이미 늙음에 대한 인식이 '향向'으로 옮겨 가고 있는 반면, 한국에서는 여전히 노화에 저항하는 '항抗'에 초점이 맞춰져 있다는 점이 새삼 아쉽다.

내가 죽거든……
'생전계약' 인기

'당신다운 죽음을 서포트합니다.'

이게 무슨 소리인가? 혹시 자살을 도와주겠다는 말인가?

물론 아니다. 오히려 인생의 마지막 길을 편안하게 갈 수 있도록 도와주겠다는 말이다. 웰 다잉을 지원하겠다는 것이다. 앞의 문구는 일본의 한 생전계약 서비스업체가 상품 홍보를 위해 내건 홍보 카피다.

초고령사회 일본에서는 생전계약이라는 말이 낯설지 않다. 생전계약이란 자신의 사후에 필요한 수속, 절차 등을 살아 있을 때 미리 계약해두는 것을 말한다. 무연고 독거노인이 장례업체에 비용을 지불하고 자신의 장례식을 예탁하는 것이 대표적이다.

생전계약은 1인 또는 노부부 세대의 증가, 심화하는 고령화 등 가족과 인구 변화가 낳은 새로운 풍경이다. 1980년만 해도 일본은 할머니, 할아버지, 자녀, 손주가 함께 사는 대가족 세대가 절반(50.1퍼센트)이 넘었다. 그러던 것이 2014년 기준 13.2퍼센트까지 크게 줄었다.

눈에 띄는 것은 요즘 일본의 생전계약이 '진화'하고 있다는 점이다. 그동안 생전계약자들의 연령대는 주로 70~80대로, '인생 마지막이 얼마 남지 않은' 세대였다. 그런데 요즘은 분위기가 달라졌다. 50~60대 중장년층뿐만 아니라 부부가 함께 장례회사를 찾는 사례가 늘고 있다고 한다. 이러한 변화의 배경에는 자신의 죽음을 자녀에게 의탁하기보다 스스로 준비하는 사회 분위기 확산(일본에서는 이런 움직임을 '임종을 위한 활동'이라는 뜻에서 '종활'이라고 부른다)과 이들 세대가 재정적 여유를 갖고 있다는 점이 한몫한다.

생전계약자의 연령대만 젊어지는 것이 아니라 계약의 내용도 다양해지고 있다. 장례는 물론이고 신원보증이나 재산 관리에서부터 안부 확인이나 간병과 같은 일상생활 서포트까지 대행 범위에 한계가 없어 보인다. 심지어 반려견 케어, 성묘 대행까지 서비스 내용에 포함하기도 한다니 사실상 가족 역할을 대행해주는 셈이다. 그중에서도 특히 신원보증에 대한 수요가 많은데, 이는 대부분의 노인시설이나 병원들이 고령자의 입주나 입원 시 신원보증인을 요구하고 있기 때문이다.

NPO 법인 '기즈나 회(동반자 모임)'는 2001년에 설립해 전국에 14개 지역 사무소를 두고 있고, 신원보증, 생활 지원, 긴급 상황 대처, 장례 납골까지 서비스 내용이 폭넓다. 계약 내용은 크게 세 가지로 나눌 수 있다. 안부 확인, 시설 입소나 병원 입원 시 신원보증, 재산 관리 대행 등의 '생전 사무 위임 계약'과 치매 등 판단 능력이 떨어질 때를 대비해 후견인을 정해두는 '임의 후견 계약', 그리고 장례, 납골, 유품 정리 등의 '사후 사무 위임 계약'이다.

생전계약 사업자들은 주로 NPO 법인이나 재단 법인 등이고, 최근 수요가 늘면서 사업자도 증가 추세에 있다고 한다. 계약 형태는 계약자가 낸 돈의 대부분을 예탁금으로 예치해놓고 계약 이행 상황이 발생하면 예탁금에서 인출해 쓰는 방식이다. 계약은 계약자와 생전계약회사, 법무 법인의 3자 계약으로 이루어지며, 예탁금은 법무 법인에서 관리한다.

생전계약에 드는 비용은 얼마나 될까? 대표적인 생전계약회사 '리스 시스템'의 서비스 비용은 장례 서비스 등 기본료가 50만 엔이고, 신원보증 등 생전 사무 위임 비용은 별도다. 다 해서 대략 100만 엔 정도가 들어간다고 한다. '기즈나 회'는 신원보증을 비롯한 생활 지원, 장례 업무를 포함한 기본요금이 190만 엔 정도이며, 일시금이 부담스러운 사람은 매월 분할 납부도 가능하다고 한다.

예탁금 방식이다 보니 유용의 위험성도 존재한다. 2016년 3월 공익 재단 법인 일본라이프협회가 생전계약 예탁금을 유용해 회사가 파산하고, 계약자들이 피해를 입는 사건이 발생하기도 했다.

한편, 지자체가 나서서 생전계약을 독려·지원하는 움직임도 일고 있다.

'수중에 15만 엔밖에 없습니다. 화장해서 무연묘를 만들어주시면 감사하겠습니다. 나를 거둬줄 사람이 없네요. 죄송합니다.'

2015년 초 요코스카 시에서는 고독사한 노인이 남긴 쓸쓸

2부_신 고령 인류가 바꾸는 새로운 세상

한 '생전 편지'가 공개되면서 무연 고독사 문제로 지역 전체가 술렁였다. 이후 지자체가 독거노인들의 장례 지원에 나서야 한다는 여론이 확산되면서 요코스카 시는 그해 7월부터 경제적으로 어려운 고령자를 대상으로 사후 절차를 지원하는 '엔딩 플랜 서포트 사업'을 시작했다.

시청에 담당 창구를 두고 고령자의 희망에 따라 장례업체와 생전계약을 체결하도록 중개·지원해주고 있다. 시에서 납골까지 지켜봐준다. 비용은 보통 생활보호 대상자들의 장례 비용을 기준으로 해 20만 6,000엔(2016년 기준) 정도. 시는 장례업체에 일부 예산을 지원해 계약 비용을 최소화하도록 하고 있다.

시가 사업을 시작하게 된 배경에는 갈수록 늘어나는 '무연 유골' 문제의 부담을 생전계약 지원 사업으로 어떻게든 줄여보겠다는 의지가 담겨 있다. 요즘도 요코스카 시에는 엔딩 서포트 사업을 벤치마킹하려는 지자체들의 발길이 이어지고 있다고 한다.

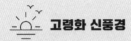

노인의 기준도 시대에 따라!

일본에는 '노인'이 3,400만 명이나 산다. 인구 네 명 중 한 명은 노인이다. 일반적으로 노인이라고 하면 65세 이상을 말한다. 그런데 요즘 일본에서 65세 이상을 싸잡아 노인이라고 하는 것은 시대착오적이며, 이제는 노인의 정의를 바꿔야 한다는 주장이 거세다.

그런 가운데 주목받는 지표가 하나 있는데, '기대여명 등가연령期待餘命等價年齡'이 그것이다. '기대여명'이란 한 사람이 앞으로 얼마나 더 살 수 있는지를 계산한 평균 생존 연수다. 그러니까 기대여명 등가연령이란, 기대여명이 같으면 '동일 연령'으로 볼 수 있다는 생각이다. 예를 들어, 1960년 기준 65세 남성의 기대여명을 10년이라고 하면, 동시대를 사는 65세 남성은 평균 10년을 더 산다는 뜻이다. 그런데 1990년을 기준으로 기대여명이 10년인 남성의 당시 연령을 보니 71세였다. 이럴 경우, 1960년의 65세와 1990년의 71세는 기대여명이 10년으로 같기 때문에 '동일 연령'으로 봐야 한다는 것이다. 따라서 1960년에 고령자 나이 기준을 65세로 정했으면 1990년에는 고령자

기준 연령을 71세로 조정할 필요가 있다는 설명이다. 남은 생존 기간을 기준으로 사망 시점에서 나이를 거꾸로 세는 셈법이다.

일본 국립사회보장·인구문제연구소의 가네코 류이치金子隆一 부소장은 '고령'의 정의를 달리하면 노인 대국 일본이 사뭇 다른 모습을 드러낸다고 말한다. 실제 기대여명을 반영한 고령 연령을 산출해보니 2010년 노인 시작 연령은 '75세'였다. 이를 기준으로 하면 고령화율도 10.4퍼센트로 65세 기준(23퍼센트)의 절반도 안 됐다. 2060년 고령화율도 20퍼센트를 넘지 않았다. 앞으로 열도에는 노인들만 득실댈 거라는 어두운 미래와는 사뭇 대조되는 모습이다.

기대여명 등가연령은 '고령자=사회적 짐'이라는 시각에도 교정을 요구한다. 종속인구지수라는 지표가 있는데, 이는 종속인구(아동+노인)를 생산연령인구(15~64세)로 나눈 것으로, 일하는 사람 1인당 평균 부양인 수를 말한다. 1960년부터 2000년까지 일본의 종속인구지수는 평균 0.4(40퍼센트)대로, 일본의 고도성장을 견인했다. 그런데 고령화(65세 기준) 때문에 2060년 종속인구지수가 0.96(96.3퍼센트)까지 치솟을 것으로 전망돼 일본 경제의 큰 걸림돌로 지목됐다. 하지만 가네코 부소장은 새로운 고령 기준을 적용하면 종속인구지수는 0.4 정도에 그친다고 전망했다. 현재 세계 각국은 노동생산성하락, 소비 구조 악화, 사회보장재정 부담 등을 이유로 고령화를 '축복'보다는 '재앙'으로 받아들이는 분위기다.

'신新 노인'은 갈수록 건강해지고 있다. 건강뿐 아니라 풍부한 경험과 지식도 갖췄다.

"65세를 잣대로 일괄적으로 정년 나이를 정하고 연금을 지급하는 '연령 고정적' 사회제도에서 벗어나 시대별·개인별 특성을 배려한 유연한 접근만이 고령화의 미래를 변화시키는 열쇠다." 가네코 부소장의 이 말은 한국에도 많은 시사점을 던진다.

참고문헌

[책]

– 고야베 이쿠코 · 주총연 컬렉티브하우징 연구위원회 편저, 지비원 옮김, 『컬렉티브하우스: 언제나 함께하고 언제나 혼자일 수 있는 집』, 퍼블리싱컴퍼니 클, 2013.
– 선데이마이니치 취재반, 한상덕 옮김, 『탈, 노후 빈곤』, 21세기북스, 2016.
– 하쿠호도 생활종합연구소 등 편, (주)애드리치 마케팅전략연구소 옮김, 『거대 시장 시니어의 탄생』, 커뮤니케이션북스, 2009.
– 호사카 다카시, 김웅철 옮김, 『아직도 상사인 줄 아는 남편, 그런 꼴 못 보는 아내』, 매일경제신문사, 2014.
– 후지요시 마사하루, 김범수 옮김, 『이토록 멋진 마을: 행복동네 후쿠이 리포트』, 황소자리, 2016.
– 후지타 다카노리, 홍성민 옮김, 『2020 하류노인이 온다』, 청림출판, 2016.
– 堺屋太一, 『団塊の世代』, 文春文庫, 2005.
– ───, 『団塊の世代"黄金の十年"が始まる』, 文藝春秋, 2005.
– 渡辺淳一, 『孤舟』, 集英社文庫, 2013.
– リンダ グラットン·アンドリュー スコット, 『LIFE SHIFT－100年時代の人生戦略』, 東洋経済新報社, 2016.
– 上野千鶴子, 『老いる準備－介護することされること』, 朝日文庫, 2008.
– 上野千鶴子·樋口恵子 등, 『老い方上手』, WAVE出版, 2014.
– 松本すみ子, 『地域デビュー指南術: 再び輝く団塊シニア』, 東京法令出版, 2010.
– NHKスペシャル取材班, 『老後破産: 長寿という悪夢』, 新潮社, 2015.

[백서 및 논문, 보고서 등]

– 内閣府, 「地域包括ケアシステムの推進について」, 『高齢社会白書』, 2012, p. 81.
– ───, 「認知症カフェ オレンジサロン 石蔵カフェ」, 『高齢社会白書』, 2014, pp. 52~53.

- ―――, 「子育て・まちづくり支援プロデューサープロジェクト」, 『高齢社会白書』, 2014, pp. 54~55.
- ―――, 「お節介による人のつながりと地域づくり」, 『高齢社会白書』, 2015, pp. 52~53.
- ―――, 「自治体と民間業者による高齢者の見守り体制の強化」, 『高齢社会白書』, 2015, pp. 64~65.
- ―――, 「ニュータウンの高齢者宅へのホームステイ」, 『高齢社会白書』, 2015, pp. 66~67.
- ―――, 「介護離職の防止に向けて: 介護と仕事の両立支援に取り組む民間企業」, 『高齢社会白書』, 2016, pp. 53~56.
- ―――, 「高齢者の交通安全対策」, 『高齢社会白書』, 2017, pp. 82~87.
- 団塊世代・元気高齢者地域活性化推進協議会, 「最終報告書: 高齢者が主体となって豊かな地域社会をつくる」, 東京都福祉保健局 高齢社会対策部在宅支援課 編, 2010. 3.
- 佐藤眞一, 「団塊世代の退職と生きがい」, 『日本労働研究雑誌』, 2006.

[신문 및 잡지 기사]
- ガスエネルギー新聞, 「ガス会社が知っておきたい'高齢者見守りサービス最前線'」, 2017. 1. 23.
- 建設工業新聞, 「高齢者の都心部回帰も/さくらレポート北陸の住宅投資を分析」, 2017. 1. 17.
- 埼玉新聞, 「高齢化の県営団地 県2大学と連携 若い世代入居で活気」, 2014. 7. 9.
- 南日本新聞, 「鹿児島市の甲南高生が空き家対策提案/シニア向け滞在型観光拠点で活用を=鹿屋市, 活性化に期待」, 2015. 9. 7.
- ダイヤモンド・チェーンストア, 「特集―見えてきた! Nextシニアマーケット, (3)京王百貨店」, 2016. 11. 1.
- 大阪読売, 「舞鶴ナイト フィーバー ディスコ復活定期開催=京都」, 2015. 6. 20.
- ―――, 「〈認知症とともに〉(上) 生の声聞き街づくりへ」, 2017. 4. 13.
- ―――, 「〈認知症とともに〉(中) 働く喜び社会に居場所」, 2017. 4. 14.
- ―――, 「〈認知症とともに〉(下) 新しいゴールへ仲間と希望を伝えたい」, 2017. 4. 15.

- 読売新聞,「ポニーに乗っていつまでも現役 葛飾で65歳以上向け乗馬教室＝東京」, 2007. 2. 22.
- ───,「新式納骨堂都心に次・参拝時,墓を個別に自動搬送」, 2010. 2. 17.
- ───,「〈生活調べ隊〉墓生前契約新たな縁生む'いずれ一緒'深まる交流」, 2011. 11. 29.
- ───,「〈生活調べ隊〉コンビニ 高齢者を支援総菜いろいろ,介護用品も」, 2012. 2. 14.
- ───,「〈生活調べ隊〉空き家の手入れ'代行'NPOなど有料で見回りサービス」, 2012. 5. 29.
- ───,「健康シニア景勝地歩く日帰りウオーキングツアー人気」, 2013. 10. 29.
- ───,「登校中高齢者宅ごみ出し 多摩の団地週2回お手伝い 児童たち交代で＝多摩」, 2014. 1. 11
- ───,「学生と高齢者下宿交流 双方にメリット 人生経験学ぶ 見守られ安心」, 2014. 2. 5.
- ───,「〈日本2020〉団塊の世代（2）子が年金パラサイト」, 2014. 7. 10.
- ───,「〈生活調べ隊〉介護現場ロボット活用癒やし型,動作補助型など」, 2014. 7. 15.
- ───,「〈生活調べ隊〉入居者'孤独死'備える保険賃貸住宅大家の負担軽減」, 2015. 4. 7.
- ───,「コンビニ難民 高齢者6割徒歩圏外,地方で顕著 中央公論11月号に」, 2015. 10. 10.
- ───,「〈生活調べ隊〉高齢者'生涯活躍のまち'住宅,医療も整備移住促す」, 2015. 11. 3.
- ───,「〈生活調べ隊〉認知症ケアへ社会参加 楽しく仕事 良い影響」, 2015. 12. 3.
- ───,「〈生活調べ隊〉熟年夫婦引きつける'卒婚'尊重し合い仕切り直し」, 2016. 2. 9.
- ───,「お年寄り癒やす'家族'会話機能付きぬいぐるみ脳活性化にも」, 2016. 11. 21.
- ───,「〈生活調べ隊〉'デスカフェ'で死を思う対話を重ね孤立防ぐ」, 2017. 1. 17.
- ───,「気ままな一人参加ツアー 移動・観光は団体行動で安心感」, 2017. 2. 24.
- 東京新聞,「'認知症カフェ'から自宅出張 ボランティアが患者,家族支援」, 2016. 1. 4.
- 東京新聞夕刊,「港・中央・千代田都心3区 人口流入中 便利だし災害時,歩いて帰宅 40年には4割増63万人 待機児童介護などで課題」, 2017. 5. 13.
- 東京新聞地方版,「高齢者が交流 戻る活気 川口芝園団地サロン1周年 大学生団体が

運営」, 2016. 11. 18.

- 東奥日報,「高齢者の外出支援 介護旅行 八戸に事業所 専門ヘルパーも養成 温泉、墓参り,孫の結婚式……」, 2014. 5. 15.

- ───,「おいしい時間/ノルディックウオーキングポール手にリズム良く」, 2014. 5. 22.

- 毎日新聞,「くらしナビ・ライフスタイル: 広がる葬儀の選択肢"好きな物"で軽やかに」, 2013. 6. 1.

- ───,「くらしナビ・ライフスタイル: シニアに好評,新家電」, 2013. 6. 4.

- ───,「くらしナビ・ライフスタイル: 救え買い物難民/上 地元商店,スーパー消え困惑の地方都市高齢者」, 2014. 4. 19.

- ───,「校外学習: "やねだん"で柳谷集落の芸術家が講師役鹿屋・上小原中の24人,彫刻・陶芸など体験/鹿児島」, 2015. 1. 29.

- ───,「ユニーク保険: 時代反映 飼い主死亡/孤独死/ドローン損賠 各社,少額短期に商機」, 2015. 7. 28.

- ───,「シニアボランティア: 外国人に笑顔で寄り添う 定年後,語学力磨き"おもてなし"81歳の観光ガイド・渡辺さん」, 2016. 2. 25.

- ───,「孤独死保険: 大手参入 家主向け,需要高まる」, 2016. 5. 18.

- ───,「くらしナビ・ライフスタイル: ルール,礼儀守り 3世代同居」, 2016. 5. 28.

- ───,「くらしナビ・スローらいふ: 一人旅で家庭円満」, 2016. 6. 6.

- ───,「くらしナビ・ライフスタイル: バリアフリーの旅,情報を」, 2016. 6. 11.

- ───,「くらしナビ・ライフスタイル: 死の悲しみと向き合う」, 2016. 8. 20.

- 富山新聞,「空き部屋にギャラリー 氷見市のマンション 住民の奥田さん開設 墨彩画展示,住民に開放」, 2011. 1. 11.

- 北海道新聞,「乗馬でお年寄り元気に "うらかわ健康道場"に新メニュー 腰痛,姿勢改善など期待」, 2013. 7. 6.

- ───,「市住に学生シェアハウス 地域と元気もシェア 札幌市 来年度にモデル事業 高齢者との交流期待」, 2017. 5. 13.

- サンデー毎日,「老後バラ色計画: 人生は65歳からおもしろい 性の世界探究編/1 今どきのラブホテル利用術」, 2013. 9. 1.

- 西部読売新聞,「〈今どきの終わり方〉(1) おひとりさまに"墓友"」, 2013. 6. 12.

- 産経新聞, 河合雅司,「〈少子高齢時代 河合雅司の解読〉社会問題化する親同居未

婚者」, 2013. 1. 15.

‒ 産経新聞, 「ディスコ楽しむ50〜60代 格好良く遊べる場所求めて」, 2014. 12. 9.

‒ ───, 「高齢化の団地、大学生が住みこみ活性化 パソコン教室など住民と交流」, 2015. 6. 10.

‒ ───, 「一夜限りのバブル気分!? 高島屋大阪店ディスコマハラジャ'復活」, 2015. 7. 30.

‒ ───, 「'終活'語り合う場増加 '墓友'づくりも活発に」, 2015. 8. 3.

‒ ───, 「日本郵政がipadで高齢者見守り 来年3月にも全国展開」, 2016. 11. 18.

‒ ───, 「世界各国,広がるシニア留学 リタイア,子育て一段落」, 2017. 2. 6.

‒ ───, 「〈シングル時代〉中高年女性'卒婚'模索 子育て終え自分の人生生きる」, 2017. 2. 10.

‒ ───, 「〈人生マスターズ〉スーパー,コンビニ 広がるシニア雇用」, 2017. 5. 3.

‒ 洗剤日用品粧報, 「資生堂 研究成果を出版/心と身体が元気になる/'化粧セラピー'とは?」, 2010. 4. 5.

‒ シルバー新報, 「柏プロジェクト第2ステージへ 介護予防は'生きがい就労'で」, 2016. 3. 25.

‒ 神戸新聞地方版, 「ホースランドパーク 初心者向け 乗馬教室人気 年間1万回超姿勢がよくなる/ダイエット効果」, 2016. 4. 20.

‒ 熊本日日新聞, 「特集ーくまもとの明日='やねだん'(鹿児島県鹿屋市)豊重さんに聞く '行政に頼らない'人口300人の地区 地域づくり,子どもに主役意識をKUMAMOTO FUTURE」, 2015. 3. 15.

‒ 月刊激流, 「特集ー消費人口急増! シニアマーケットの正体/京王百貨店/'新・日常生活'に焦点を当て60代MDが動き出す」, 2011. 7. 1.

‒ 月刊コンビニ, 「特集ー日本を救う! 'コンビニ生活圏'」, 2016. 2. 24.

‒ 日刊工業新聞, 「介護見守りサービス、進むIoT活用ーセンサーや画像で異常察知」, 2017. 6. 13.

‒ 日刊流通ジャーナル, 「イオン葛西店・コト消費・モノ消費の相互連携めざす 時間消費・情報提供を軸に'G.Gモール'を形成」, 2013. 6. 4.

‒ 日経企業活動情報, 「ケアパートナーと第一興商は'DKエルダーシステム'の実証研究を実施」, 2016. 11. 2.

‒ 日経ビジネス, 「特集ーあなたに迫る 老後ミゼラブルーPART 1ー2040年を先取りした'現場'を歩く もう他人事ではない'3大ミゼラブル'」, 2015. 9. 14.

- 日経産業新聞、「高齢者相談拠点、都内に、セコム、家事代行や宅配」、2015. 4. 2.
- ―――、「ZEHDの英会話、シニア留学先、1200校に拡充、傘下の留学支援会社活用、退職後の希望者増」、2016. 4. 26.
- ―――、「大王製紙、はき心地、下着並み追求、大人用超薄型紙おむつ、伸縮フィルム使用、吸収体、従来より4割薄く」、2016. 9. 13.
- ―――、「ハッソー、大人用紙おむつ、オシャレで蒸れにくく―シニア増え市場拡大、アクティブ向け期待」、2017. 3. 7.
- ―――、「食の宅配ビジネス(1)コンビニ、商圏を深掘り(よくわかる)」、2017. 6. 8.
- ―――、「介護の切り札、ITと外国人、排尿検知や記録電子化、フィリピン人を戦力に、現場負担減らし離職防ぐ」、2017. 6. 9.
- ―――、「介護計画づくり、AIで、さくらコミュニティ、年度内システム」、2017. 7. 25.
- 日経MJ、「中高年女性に優しい改装―イスの高さ抑え、座りやすさ重視」、2006. 6. 30.
- ―――、「日帰りウオーク、シニア層を誘え、阪急交通社、富士山麓・廃線巡り……」、2013. 9. 27.
- ―――、「介護ビジネス特集-'安心'で応える、薄型進化、新規参入も、紙おむつ、競争激化」、2016. 3. 28.
- ―――、「シニアの民泊ホスト急増、エアビー調査、異文化交流に意欲」、2016. 9. 16.
- ―――、「免許返納でシニア優遇-交通・買い物、首都圏官民が特典」、2017. 3. 10.
- ―――、「便利その先へ、コンビニ、進化中、増収率、7年ぶりの低水準、16年度調査―限定商品、切り札に、シニア・女性取り込む」、2017. 7. 26.
- 日経コンストラクション、「特集-地域交通ネクストステージ-デマンド交通/予約に応じて柔軟にルート設定-路線バス維持できない地域を'面'でカバー」、2017. 7. 10.
- 日経プラスワン、「語学教室が活況、通うのは誰?-シニア定年後も国際派(エコノ探偵団)」、2012. 9. 8.
- ―――、「空き家、なぜ増えているの―住宅数、世帯上回り伸びる、税金の問題で壊しにくく(イチからわかる)」、2014. 8. 9.
- 日本看護協会出版会 医学誌(コミュニティケア)、「地域包括ケアシステムをつくる!」、2016. 5. 1.
- 日本経済新聞、「化粧で元気取り戻す、高齢者施設・病院で広がる―化粧教室→ストレス減少」、2011. 5. 1.

280

－ ―――，「若者,高齢化進む団地に,'温かい'孫が来たよう',入居促進策知恵絞る」,
2013. 5. 1.

－ ―――，「家族のかたち(5) 高齢社会'墓友'集まる―孤独と遠慮切実に」,2014. 1. 4.

－ ―――，「コンビニ,消費者なぜ支持?―店増えるほど増す安心感,顧客広がり'飽和'を
克服(エコノ探偵団)」,2014. 7. 1.

－ ―――，「3世代同居,なぜ推進?―子育て支援や消費増期待,都心部では増加難しく(エ
コノ探偵団)」,2015. 5. 12.

－ ―――，「高齢者に選択肢広がる,足腰悪くても快適な旅―車いす移動や入浴サポート,
国内外問わず充実(ライフサポート)」,2015. 7. 2.

－ ―――，「介護スタッフ,アジアで争奪戦,外国人よ帰らないで―母国の人材発掘で責任,
処遇改善が大切(くらし)」,2015. 9. 7.

－ ―――，「達人のワザ―シニアの街歩きを指南,鎌田政良さん,備え万全ゆっくり歩こう
(くらし)」,2015. 9. 16.

－ ―――，「シルバー人材センター,就業増やせ,職域拡大―コンビニ店員,空き家管理も
(くらし)」,2015. 10. 6.

－ ―――，「シェアハウス生活,高齢者に広がる,同世代で支え合う―畑仕事や掃除も,'自
立'が条件(くらし)」,2015. 11. 4.

－ ―――，「保活戦線2016(下)'介護+保育'が次の切り札,高齢者と園児,一つ屋根の下(く
らし)」,2015. 11. 10.

－ ―――，「高齢者見守り,細やかに―住民同士支え合い,学生が寝泊まり……,地域ぐる
み,企業も協力(ライフサポート)」,2015. 11. 12.

－ ―――，「認知症カフェへようこそ―悩みや不安を相談,専門家アドバイス,全国600カ
所,関心あれば誰でも(ライフサポート)」,2015. 12. 3.

－ ―――，「引きこもり高齢化,深まる悩み,老境の親が一歩踏み出す―資産洗い生き残り
計画,親交流で客観視(くらし)」,2015. 12. 22.

－ ―――，「セコム,高齢者の家事補助,掃除や荷物運び,健康相談も,老後を長期サポー
ト」,2016. 2. 27.

－ ―――，「130万人のピリオド(5)'終活消費'に高齢者走る,墓問題'子に負担かけず'(くら
し)」,2016. 2. 29.

－ ―――，「130万人のピリオド(7) ペット残して逝けない,'後を託す'サービス増加(くらし)」,
2016. 3. 14.

- ―――,「高齢者の運転免許返納,看護師,体を気遣い説得－前橋市,タクシー代を半額補助(くらし)」, 2016. 4. 20.
- ―――,「130万人のピリオド(11) '家で逝きたい'を支える,訪問看護,家族に寄り添う(くらし)」, 2016. 4. 25.
- ―――,「私の居場所(2) '卒婚'で結び直す絆－一つ屋根の下こだわらず(解を探しに)」, 2016. 8. 31.
- ―――,「家の空き部屋,開放,近所にお茶の間,高齢者わいわい－食べて笑って,孤立防ぐ(くらし)」, 2016. 9. 13.
- ―――,「働く高齢者,経験が裏打ち,老老接客,同世代が支持－雑談で心つかむ,無理難題には毅然と」, 2016. 9. 20.
- ―――,「介護予防,地域の力で,'要支援'全国一律から転換－居場所作り支え合い,人材不足戸惑いも(くらし)」, 2016. 9. 27.
- ―――,「婚活イベント多彩に,県内自治体,知恵絞る,静岡市,首都圏女性と交流,富士宮市,同窓会の費用助成」, 2016. 10. 14.
- ―――,「130万人のピリオド－死を語らい,日常を充実,'デスカフェ',若者の参加も多く」, 2016. 10. 18.
- ―――,「シニアの民泊提供広がる－'3K不安'解消に一役(読み解き現代消費)」, 2016. 11. 2.
- ―――,「高齢者支援に郵便局網,日本郵便・ドコモなど,8社で新会社,買い物代行や定期訪問」, 2016. 11. 18.
- ―――,「シニア,自宅で異文化交流－外国人宿泊,おもてなし(くらし)」, 2016. 12. 13.
- ―――,「未婚中年,親と'黄昏同居',支援乏しく険しい自活(かれんとスコープ)」, 2017. 1. 15.
- ―――,「高齢ドライバー,認知機能に不安なら,免許更新前でもチェック－危険性を自覚,返納も視野に(くらし)」, 2017. 1. 17.
- ―――,「高齢者と交流,心の健康を改善,AIロボ,介護現場で活躍－思いやりの気持ち,刺激(くらし)」, 2017. 1. 25.
- ―――,「認知症で徘徊,自治体対策,高齢者見守り,ITが一役－居場所メール通知,市民スマホ活用も(くらし)」, 2017. 3. 1.
- ―――,「引退シニア駅近マンションへ,郊外戸建て,この先心配……－残った家に子が近居も(くらし)」, 2017. 3. 15.

- ─────,「ニュータウンに若い世代流入、新旧交流、にぎわいのカギ─みなで野菜づくり、シニアから声掛け(くらし)」, 2017. 5. 15.
- ─────,「介護技能実習に外国人、まずベトナム1万人、アジアに拡大、試験、漢字より実務重点」, 2017. 6. 13.
- ─────,「介護計画作り、AIがお助け、さくらコミュニティサービス、今年度中に導入、職員の負担半減、対処法の助言も」, 2017. 7. 12.
- 日本経済新聞電子版,「高齢社会、'墓友'と逝く─孤独と遠慮が背景に」, 2014. 1. 4.
- ─────,「シニアがコンビニを変える シニア コンビニ セブンの挑戦─老いに克つ(1)」, 2015. 12. 12.
- ─────,「寝たきりでも温泉旅行 民間介護サービス多様に」, 2016. 12. 10.
- ─────,「人気高まるシニアの婚活 人生終盤のパートナー探し─終活見聞録(2)」, 2017. 4. 14.
- 長崎新聞,「3世代住宅新築も補助/新年度から県利用増へ対象拡大」, 2017. 2. 24.
- 静岡新聞,「人口減でも需要増 介護市場に異業種参入 ケアマネ常駐コンビニも」, 2016. 5. 17.
- ─────,「緩い共同生活に注目 おひとりさま 新たな選択肢─賃貸住宅'コレクティブハウス'」, 2016. 9. 14.
- 住宅新報,「地域包括ケアの街づくり'柏モデル'を視察研修高齢者住宅財団が9月に」, 2016. 7. 5.
- 朝日新聞,「'終活'新サービスPR 200社が初の展示会'ENDEX'」, 2015. 12. 10.
- ─────,「3世代同居促進へ補助制度建設・リフォーム費支援 国交省方針」, 2015. 12. 16.
- ─────,「3世代同居、効果ある? 少子化対策、政府'大家族で子育てを'リフォーム減税」, 2016. 6. 1.
- ─────,「熱いシニア留学 観光とセット、業界も商機」, 2016. 8. 29.
- ─────,「'健康マージャン'人気 賭けない・飲まない・吸わないシニアに笑顔と熱気/静岡県」, 2017. 6. 3.
- ─────,「シニア向け麻雀教室 賭け×お酒×たばこ'3ない'で健康的 四国中央の伴野さん/愛媛県」, 2017. 9. 14.
- 週刊東洋経済,「特集─70歳まで働く Part 3 '次の仕事'探しの基礎知識─転身前に覚悟するべき'資格仕事'のリアル」, 2014. 2. 15.

- 週刊朝日, 「'卒婚'で自由になる 新しい夫婦の生き方」, 2016. 9. 23.
- 中国新聞, 「団地 放課後の'孫'集まれ 広島の高陽ニュータウン 高齢者が預かり施設 交流広げ子育て支援」, 2013. 1. 13.
- ―――, 「かなえます高齢者の遠出 トラベルヘルパー活躍 介護手助け……5年で 500人に」, 2014. 3. 31.
- ―――, 「お年寄りの子ども預かり好評 'ゆうやけルーム' 孫世代と交流 広島市高陽地 区」, 2015. 8. 15.
- 中部経済新聞, 「キャンパス/中部大学/高齢化の街に活気呼ぶ'世代間交流'/ふれあい 通じ,現場学ぶ」, 2013. 9. 30.
- 中日新聞, 「広がる家事代行 大手参入 専業主婦も利用 高齢両親宅見守り兼ね」, 2015. 11. 18.
- ―――, 「物流技術 お墓に生かす 豊田織機 熱田に自動納骨堂」, 2016. 8. 10.
- 秋田魁新報, 「仲間と楽しく歩くべ! 秋田市健康増進事業'シニア編'開始 正しい姿勢 で継続を」, 2015. 8. 26.
- ―――, 「デマンド交通で気軽に外出を 八峰町峰浜地区の4集落 予約型,町内や能代 市に送迎 社福協が新年度運行へ」, 2016. 3. 8.
- チェーンストアエイジ, 「特集—超高齢社会を順風に変える! きょういく・きょうようスー パー, ケーススタディ(1) イオンリテール」, 2014. 4. 1.
- ―――, 「特集—超高齢社会を順風に変える! きょういく・きょうようスーパー, ケース スタディ(2) 平和堂」, 2014. 4. 1. pp. 58~77.
- 河北新報, 「ゲームで地域の力育む/認知症高齢者支えるまちづくり/政府が推進する '地域包括ケアシステム'は,認知症の高齢者を地域で支えるまちづくりを提案」, 2007. 3. 2.
- FujiSankei Business i, 「宇宙葬,米企業相次ぎ参入 エリジウムスペース 予約受け 付け開始」, 2013. 10. 9.
- ―――, 「第一興商 'ボイストレ'全国展開 高齢男性向け健康増進ビジネス」, 2016. 8. 16.
- PR TIMES, 「中高年専門の結婚相談所'楽天オーネット スーペリア' 秋を満喫して,眼 もお腹も大満足! の日帰りバスツアーを開催—オーネット」, 2016. 11. 18.
- ―――, 「多発! シニアの交通事故! 健康麻雀で脳の自主トレ! 日常的に麻雀で脳の衰 えを予防」, 2016. 12. 7.

초고령사회
일본에서 길을 찾다

초판 1쇄 발행 2017년 10월 25일
초판 11쇄 발행 2024년 6월 10일
지은이 김웅철
펴낸이 최용범

책임편집 김진희
디자인 신정난
영업 손기주
경영지원 강은선

펴낸곳 페이퍼로드
출판등록 제2024-000031호(2002년 8월 7일)
주소 서울시 관악구 보라매로5가길 7 캐릭터그린빌 1309호
이메일 book@paperroad.net
블로그 blog.naver.com/paperroad
페이스북 www.facebook.com/paperroadbook
전화 (02)326-0328
팩스 (02)335-0334

ISBN 979-11-86256-92-3(00300)

- 이 책은 저작권법에 따라 보호받는 저작물이므로 무단 전재와 무단 복제를 금합니다.
- 잘못 만들어진 책은 구입하신 서점에서 교환해드립니다.
- 책값은 뒤표지에 있습니다.